Benediktinerinnen von Kloster Burg Dinklage
„Meine Hoffnung Gott anvertrauen"

„MEINE HOFFNUNG GOTT ANVERTRAUEN"

Persönliches Beten mit den Benediktinerinnen
auf Burg Dinklage

Mit Bildern von Jürgen Christ

Herausgegeben von den Benediktinerinnen Kloster Burg Dinklage

ASCHENDORFF VERLAG MÜNSTER

AM ANFANG – IN DER MITTE – AM ENDE:
JESUS CHRISTUS

„Meine Hoffnung Gott anvertrauen" legt der hl. Benedikt im 6. Jhdt. seinen Brüdern und Schwestern ans Herz. 60 Jahre sind wir als Benediktinerinnen auf Burg Dinklage mit dieser anvertrauenden Hoffnung unterwegs. Und das in allem, was der Tag mit sich bringt, mit und ohne Worte, gemeinschaftlich und persönlich.

In diesem Buch nun sprechen wir Schwestern auf Burg Dinklage von unserem Beten und lassen Sie so teilhaben an unserem Leben mit Gott. Die großen Kapitel – Psalmen und die Heilige Schrift, Texte von gottverbundenen Menschen und aus der Literatur – machen deutlich, dass wir in einer lebendigen Tradition stehen. Wir laden Sie ein, den persönlichen Gebetsraum jeder Schwester zu betreten und mit-betend die Erfahrung zu machen, dass Gebet

- Lobpreis und Klage ist;
- ebenso geschieht in der Erfahrung des tiefen Geborgenseins wie im Erleben der Heimatlosigkeit;
- unsere Hoch-Zeiten und den manchmal mühsamen Alltag durchdringt und prägt.

Die folgenden Seiten geben auch Zeugnis, auf welch unterschiedliche Weise Gott in Jesus Christus das Leben der Einzelnen gestaltet. Vielfältig ist das Angesprochensein und das Antwortgeben darauf.

Mein Wunsch für Sie, die Sie dieses Buch zur Hand nehmen, ist: JESUS CHRISTUS möge jeden Tag Ihr Leben segnen. Er möge im Leid und auf dem Kreuzweg spürbar mit Ihnen sein und Sie in Seinen Tanz der Auferstehung täglich mit hinein nehmen.

In der Osterzeit 2009

Sr. Franziska Lukas, Äbtissin von Dinklage

CHRISTUS IN DER MANDORLA

In unserer Kirche hängt eine Holzplastik: „Der wiederkommende Christus" in der Mandorla. Genuin gehört sie nicht in unsere Kirche. Vor vielen Jahren bekamen wir sie geschenkt. Mehrfach hat sie den Platz gewechselt. Als sie für längere Zeit zur Restauration fortgenommen war, wurde mir erst richtig bewusst, was sie für mich, für mein Beten, meinen Alltag bedeutet.

Herr Jesus Christus,
wir haben ein wunderbares Bild von
Dir.
Du bist dargestellt in der Mandorla –
Symbol des ganzen, unendlichen Lebens.
Als der auferstandene, erhöhte Herr
sitzt Du auf dem Regenbogen.

Quelle des Lebens, Du.
Fülle des Lebens, Du.
Wie viel Phantasie,
wie viele Wege kennst Du –
um Leben zu schenken,
um zum Leben zu rufen!

Deine rechte Hand ist segnend erhoben,
und in der Linken trägst Du
das geöffnete Buch.
Symbol Deiner Worte des Heiles,
der Rettung, des Lebens.
Dein Gesicht ist mir – uns –
in Liebe zugewandt.

Die Anrede „HERR" habe ich
längere Zeit nicht gern gebraucht.
Es fällt mir jedoch kein anderes Wort ein,
um gerade auszudrücken,
was Du für mich, für uns –
für die Welt sein willst.

Du bist der Herr! Herr über allen Herren!
Gott sei Dank!
Du richtest auf!
Zartheit und Kraft beinhaltet
Dein Ruf zum Leben.
Du bist Herr des Lebens –
alles Lebendigen.

In diesem Bild – über der großen Tür in
unserer Kirche –
bist Du sichtbar für uns, für mich,
Tag für Tag!
Du wendest Dein gütiges Angesicht zu.
Du schaust uns alle an, wenn wir zum
Gebet versammelt sind.
Dein liebevoller Blick begleitet uns in
den Tag hinein, in unsere Arbeit,
unsere Begegnungen.

Du, der Du auf dem Regenbogen
thronst.
Du Leben meines Lebens.
Du sagst mir und uns allen zu:
Immer will ich zu euch kommen,
in allem Begegnung feiern.
Immerzu will ich ankommen,
jetzt und hier bin ich da – und komme
ich an, bis wir uns einmal endgültig
und für immer begegnen!

PSALMEN

1 [Für den Chormeister. Mit Saitenspiel. Ein Psalm Davids.]

2 Wenn ich rufe, erhöre mich, / Gott, du mein Retter! Du hast mir Raum geschaffen, als mir angst war. / Sei mir gnädig und hör auf mein Flehen!

3 Ihr Mächtigen, wie lange noch schmäht ihr meine Ehre, / warum liebt ihr den Schein und sinnt auf Lügen? [Sela]

4 Erkennt doch: Wunderbar handelt der Herr an den Frommen; / der Herr erhört mich, wenn ich zu ihm rufe.

5 Ereifert ihr euch, so sündigt nicht! / Bedenkt es auf eurem Lager und werdet still! [Sela]

6 Bringt rechte Opfer dar / und vertraut auf den Herrn!

7 Viele sagen: „Wer lässt uns Gutes erleben?" / Herr, lass dein Angesicht über uns leuchten!

8 Du legst mir größere Freude ins Herz, / als andere haben bei Korn und Wein in Fülle.

9 In Frieden leg ich mich nieder und schlafe ein; / denn du allein, Herr, lässt mich sorglos ruhen.

PSALM 4,8

D er Vers sagt mir, wie kostbar und schön mein Glaube ist. Deswegen ist er einer meiner Lieblingsverse aus den Psalmen. Wir kennen alle die Freude von Menschen, die gut gegessen und getrunken haben und nun satt und lustig zusammensitzen. Oft lachen sie, bis ihnen die Tränen herunterlaufen! Gott sagt uns, dass er uns Freude ins Herz legt, die diese Freude noch weit übertrifft. Diese innere Freude ist wunderbar, besser und tiefer als alle äußere Freude. Mir ist das einmal ganz deutlich aufgegangen, als ich die Krankenkommunion empfing. Seitdem begleitet mich dieser Psalmvers auf besondere Weise.

1 Behüte mich, Gott, denn ich vertraue dir. /

2 Ich sage zum Herrn: „Du bist mein Herr; / mein ganzes Glück bist du allein."

3 An den Heiligen im Lande, den Herrlichen, / an ihnen nur hab ich mein Gefallen.

4 Viele Schmerzen leidet, wer fremden Göttern folgt. / Ich will ihnen nicht opfern, / ich nehme ihre Namen nicht auf meine Lippen.

5 Du, Herr, gibst mir das Erbe und reichst mir den Becher; / du hältst mein Los in deinen Händen.

6 Auf schönem Land fiel mir mein Anteil zu. / Ja, mein Erbe gefällt mir gut.

7 Ich preise den Herrn, der mich beraten hat. / Auch mahnt mich mein Herz in der Nacht.

8 Ich habe den Herrn beständig vor Augen. / Er steht mir zur Rechten, ich wanke nicht.

9 Darum freut sich mein Herz und frohlockt meine Seele; / auch mein Leib wird wohnen in Sicherheit.

10 Denn du gibst mich nicht der Unterwelt preis; / du lässt deinen Frommen das Grab nicht schauen.

11 Du zeigst mir den Pfad zum Leben. / Vor deinem Angesicht herrscht Freude in Fülle, / zu deiner Rechten Wonne für alle Zeit.

PSALM 16

Ein schlechter Tag lag hinter mir, als ich in der Vigil zum ersten Mal den Psalm 16 vortrug. Ich war alles andere als zufrieden mit meinem Schicksal und dann wurde mir auch noch dieses Gebet in den Mund gelegt: „Ja, mein Erbe gefällt mir gut". Während des Lesens fragte ich mich skeptisch: Gefällt mir mein Erbe wirklich? – An jenem Tag war ich unsicher. Aber mir wurde unangenehm bewusst, dass ich ein Erbe habe, dass dieser Psalm an diesem Tag mein Erbe war und dass es an mir lag, ob und wie ich es annehme. Aber wie kann das geschehen? Im Betrachten und Meditieren dieses Psalms wurde ich zunehmend der Spannungen gewahr, die sich in dem Wort „Erbe" verbergen.

Manchmal ist es klar definiert und ganz konkret, wie z.B. dieser Psalm an jenem Abend. Manchmal, wie in der Geschichte von Jakob und Esau oder im Gleichnis vom verlorenen Sohn, bezieht es sich auf den Familienstatus oder den Besitz, etwas was gekauft oder verkauft, genommen und verschwendet werden kann. Doch bedeutet Erbe weit mehr als ein materielles Gut. Dieser Aspekt führt vielmehr zu einem tieferen und wesentlicheren Verständnis von Erbe. Daran erinnert mich der Psalm 16: „Du bist mein Herr; mein ganzes Glück bist du allein ... Du, Herr, gibst mir das Erbe ... Du hältst mein Los in deinen Händen."
Wenn ich diesen Gedanken näher betrachte, schaue ich der Herausforderung

ins Auge, mein Erbe ganz existenziell zu begreifen und letztendlich zu erkennen, dass es angenommen werden will als das, was es ist: mein Leben als Geschenk Gottes an mich.

Wie der verlorene Sohn kann ich es begierig fordern und damit umgehen wie mit einem Konsumartikel: einfach verbrauchen. Wie der treue Sohn kann ich leugnen, es empfangen zu haben. Ich kann es auch nur widerwillig und als unvermeidliche Last annehmen. Schließlich, und ich weiß, das ist am schwersten, kann ich versuchen, es in Dankbarkeit entgegenzunehmen im tiefen Glauben, dass ich ein Kind Gottes bin – wie auch meine Brüder und Schwestern Kinder Gottes sind! –, dass ich von Ihm geschaffen wurde, dass ich von Ihm geliebt bin, wie ich bin. Gott gab mir ein Erbe, das genau für mich bestimmt ist und er rüstete mich mit allem Notwendigen aus, um fähig zu sein, auch die damit verbundenen Lasten zu tragen. Bin ich bereit, dieses Erbe in Dankbarkeit anzunehmen? Bin ich bereit, jetzt anzufangen, in dieses Erbe hineinzuwachsen? Ich sage „Ja" und ich bete „Ja". Ich bete, zu erfahren, was ich geerbt habe. Und dann bete ich diesen Psalm und juble. Ich sage „Ja, mein Erbe gefällt mir gut" mit dem Schimmer der Hoffnung, dass Gott wusste, was er tat, als er mich erschuf und dorthin brachte, wo ich jetzt bin. Ich sage „Ja" nicht einfach zu einem Erbe, das an sich erfreulich ist, sondern zu etwas ganz Subjektivem, das für mich gestaltet wurde und wofür ich gemeint bin. Ja, es gefällt mir. Du gefällst mir. Ich danke dir. Und in diesem „Ja" öffne ich mich, um mein Erbe genauer kennenzulernen.

Herr, du bist mein Los. Mein Erbe gefällt mir gut.

1 Behüte mich, Gott, denn ich vertraue dir. /

2 Ich sage zum Herrn: „Du bist mein Herr; / mein ganzes Glück bist du allein."

3 An den Heiligen im Lande, den Herrlichen, / an ihnen nur hab ich mein Gefallen.

4 Viele Schmerzen leidet, wer fremden Göttern folgt. / Ich will ihnen nicht opfern, / ich nehme ihre Namen nicht auf meine Lippen.

5 Du, Herr, gibst mir das Erbe und reichst mir den Becher; / du hältst mein Los in deinen Händen.

6 Auf schönem Land fiel mir mein Anteil zu. / Ja, mein Erbe gefällt mir gut.

7 Ich p,reise den Herrn, der mich beraten hat. / Auch mahnt mich mein Herz in der Nacht.

8 Ich habe den Herrn beständig vor Augen. / Er steht mir zur Rechten, ich wanke nicht.

9 Darum freut sich mein Herz und frohlockt meine Seele; / auch mein Leib wird wohnen in Sicherheit.

10 Denn du gibst mich nicht der Unterwelt preis; / du lässt deinen Frommen das Grab nicht schauen.

11 Du zeigst mir den Pfad zum Leben. / Vor deinem Angesicht herrscht Freude in Fülle, / zu deiner Rechten Wonne für alle Zeit.

PSALM 16,2

E s kommt immer wieder vor, dass ich einen Text unzählige Male höre, ihn immer wiederkehrend in der Liturgie mitbete, durch Jahre hindurch – und dann, plötzlich spricht er unmittelbar zu mir. Oder besser gesagt: plötzlich höre ich, dass Gott mit diesen Worten direkt und konkret zu mir spricht.

So auch dieses eine Mal. Ich war hin- und hergerissen. Wie immer, wenn es im Leben wichtig wird, ging es um eine Beziehungssituation, mit der ich nicht umzugehen wusste. Dann, in der abendlichen Vigil, während ich noch den vielen Facetten des Problems nachsann, hörte ich diese Worte: Ich sage zum Herrn: ‚Du bist mein Herr, mein ganzes Glück bist du allein.'

Ich horchte auf. Ja, das war die Antwort. Von da an war jedes Wort dieses Psalms für mich eine Offenbarung des eigentlich so selbstverständlichen „mein ganzes Glück ist Gott allein."

Das erinnert wohl nicht zufällig an Teresa von Avilas Wort „Gott allein genügt". Doch ohne die nachfolgenden Worte des Psalms wäre diese Glücks-Aussage zwar enthusiastisch, aber nicht ausreichend geerdet: „An den Heiligen im Lande, den Herrlichen, an ihnen nur hab ich mein Gefallen. Viele Schmerzen leidet, wer fremden Göttern folgt. Ich will ihnen nicht opfern, ich nehme ihren Namen nicht auf meine Lippen."

Wer sind die „Heiligen im Lande"? Wer sind die „fremden Götter"? – Zu letzteren fällt mir spontan eine alltäglich wiederkehrende Situation ein. Jeden Morgen, wenn ich meine Mailbox öffne, kommen mir eine Reihe von Mails entgegen, die sich am Spamfilter vorbeigemogelt haben. Manchmal sind sie auf den ersten Blick als Schund erkennbar. Ein Klick genügt, um sie los zu werden. Manchmal kommen sie aber recht seriös daher. Vielleicht eine wichtige Information? Vielleicht ein interessantes Angebot? Schon erwische ich mich dabei, doch länger zu verweilen, dem empfohlenen Link nachzugehen, die empfohlene Website zu öffnen, das Dargebotene zu lesen. Schon habe ich kostbare Lebenszeit und meine Aufmerksamkeit dieses morgendlichen Arbeitseinstiegs einer „fremden Macht" geopfert; schon habe ich ihre Namen und ihre Botschaft in meinem Gehirn gespeichert und nicht selten drängen sich die aufgenommenen Bilder oder Worte in unbedachten Augenblicken – auch im Gottesdienst – wieder in den Vordergrund.

Ein banales Beispiel von „Überfremdung" des eigenen Lebens – sogar im geschützten Raum des Klosters.

„Fremdbestimmung", vor allem durch die Medienherrschaft, ist ein bedrohliches Phänomen unserer Zeit. Diese Art von „fremden Göttern" ist äußerst wirkmächtig, da sie scheinbar so harmlos, dabei wichtig und überzeugend daher kommen. Der „Schmerz" ist ein schleichender Schmerz. Neid, Haben-Müssen, Abhängigkeiten, aber auch Überdruss, Sinnleere und Orientierungslosigkeit sind seine Namen. Das klösterliche Schutzschild klarer Lebensregeln wehrt viele solcher und anderer „fremder Götter" ab. Und doch: es gibt sie reichlich auch in anderem Gewand und mit anderen Namen.

Der Psalmist empfiehlt mir, mich an die „Heiligen im Lande" zu halten. Ja, ich merke, wie gut es mir tut, das zu beherzigen.

Von Ignatius von Loyola ist überliefert, dass er auf einem langen Krankenlager aus lauter Langeweile las, was gerade so im Haus war. Da waren zunächst einmal spannende Ritterromane, die er verschlang. Außerdem gab es in der heimischen Bibliothek Heiligenlegenden und ein Leben-Jesu-Buch. Er las alles und stellte danach fest, dass die Ritterromane zwar im Moment des Lesens vergnüglicher waren, aber die „frömmere" Literatur nachhaltig anregend und befriedigender wirkte.

Die „Heiligen im Lande" – da kommen auch für mich Bücher wesentlich ins Spiel. Natürlich immer wieder die uralten, lebenserfahrenen und anregenden Geschichten der Bibel. Ihre Hauptpersonen sind solche „Heiligen im Lande", herrliche Menschen, deren persönliche Beziehungsgeschichte mit Gott sehr viel über das Wesen dieses Gottes aussagt und mir Impulse gibt, wie ich mein Leben in seiner ganzen Fülle auskosten kann.

Auch andere Bücher künden von solchen „Heiligen im Lande" – in meiner Lebensgeschichte waren es nicht wenige Biographien, die mich geprägt haben: Martin Luther King und John F. Kennedy, als ich 16 Jahre alt war; später Josef Pieper und Luise Rinser. Wieder einige Jahre später war es die Mystikerin und Kommunistin Simone Weil, später dann Madeleine Delbrêl, Dietrich Bonhoeffer, Nelson Mandela, **Wangari Maathai** (die kenianische Mutter der Bäume), Dorothee Sölle … – Menschen, an denen ich nicht nur mein „Wohlgefallen" gefunden habe, sondern die tief in mir eine Sehnsucht wecken.

Doch auch in meinem alltäglich praktischen Leben gibt es solche „Heiligen im Lande". Sie wollen nur entdeckt werden. Menschen, die dieses Urvertrauen und die eindeutige Ausrichtung auf Gott ausstrahlen.

Der Psalm ermahnt mich also, meinen Sinn und meine Energie auf das zu richten, was heilig ist, was mich heil macht und mir zum Heil verhilft. Das ist mein Anteil an meiner eigenen Heilsgeschichte: den „fremden Göttern" so weit wie möglich auszuweichen, ihnen in meinem Lebenshaus keinen Raum zu geben und die „Heiligen" oder auch das Heilige hereinzubitten als kostbaren Gast und Schatz.

Es ist eine Rückbesinnung auf das Heilige und das Wesentliche, auf das, was mir Lebensgrundlage und Lebensraum ist. Der Psalm drückt es so aus: „Du, Herr, gibst mir das Erbe und reichst mir den Becher; du hältst mein Los in deinen Händen. Auf schönem Land fiel mir mein Anteil zu. Ja, mein Erbe gefällt mir gut."

Ich kann mich in ein anderes Erbe hinein wünschen und -fantasieren: ein anderes Elternhaus, ein anderes Aussehen, andere Begabungen, ein anderes Herkunftsland, eine andere religiöse Prägung, einen anderen Lebensweg … Selbstverständlich wäre dann alles besser! Es hat mit Demut im besten Sinne zu tun. Tief durchatmen, solche Fantasien, „fremde Götter" und mein Wunschdenken ausatmen und sagen:

Ja, Gott, *du* hast mir *mein* Erbe gegeben.

Ja, Gott, *du* reichst mir täglich neu den Becher *meines* Lebens.

Ja, Gott, auf schönem Land fiel mir *mein* Anteil zu.

Manchmal braucht es die Selbstvergewisserung, verwurzelt in einem tiefen Vertrauen in Gott, um die Schönheit meines ererbten Landes zu entdecken. Es sind vielleicht nicht die Schönheiten, die ich bei anderen neidvoll erkenne oder die „man" laut aktuellsten Lifestylediktaturen haben muss. Doch wenn ich vertrauend schaue, dann werden sich mir die Schönheiten meines Erbes offenbaren. Dann wachse ich hinein in das Bekenntnis: „Ja, mein Erbe gefällt mir gut."

Der Psalm weiß um die Sehnsucht des Menschen nach Glück und Sicherheit.

Er weiß um die Verführbarkeit des Menschen.

Er weiß um die Schutzbedürftigkeit, die Ratlosigkeit, den Wankelmut des Menschen. All das finde ich in dem Psalm wieder – und in mir selbst. In diesem Psalm kommt mir als Antwort auf meine Selbsterfahrungen die Wärme einer mir zugewandten Liebe entgegen, der ich mich meinerseits nur zuzuwenden und zu öffnen brauche. Alle meine Sinne dürfen zu jeder Zeit wach und offen diese Liebe in sich aufnehmen. Dann stehe ich fest in diesem Leben, bin allzeit gut beraten, wohne in Sicherheit, finde allzeit Orientierung und schwelge in ‚Freude in Fülle' und ‚Wonne für alle Zeit'. Das ist kein ‚Leben auf Wolke sieben', das verdrängt nicht die Leiden dieser Welt. Im Gegenteil! Es nimmt sie so ernst, dass die (Er-)Lösung und das Heilmittel nicht anders als Gott selbst sein können.

Der Psalm ist offensichtlich geschrieben worden von einem Menschen, dem das Wunder des Daseins Gottes in einem entscheidenden Moment seines Lebens als Lebensrettung bewußt geworden ist und der mit enthusiastischer und zugleich geerdeter Begeisterung darauf reagiert.

Der Psalm ist geschrieben worden für mich in all den Momenten meines Lebens, in denen mein Vertrauen, meine Ausrichtung auf Gott und meine Liebe neu entfacht werden müssen, damit ich mit einstimmen kann in den Lebensrefrain:

Du bist mein Herr; mein ganzes Glück bist du allein.

1 [Ein Psalm Davids.] Der Herr ist mein Hirte, / nichts wird mir fehlen.

2 Er lässt mich lagern auf grünen Auen / und führt mich zum Ruheplatz am Wasser.

3 Er stillt mein Verlangen; / er leitet mich auf rechten Pfaden, treu seinem Namen.

4 Muss ich auch wandern in finsterer Schlucht, / ich fürchte kein Unheil; denn du bist bei mir, / dein Stock und dein Stab geben mir Zuversicht.

5 Du deckst mir den Tisch / vor den Augen meiner Feinde. Du salbst mein Haupt mit Öl, / du füllst mir reichlich den Becher.

6 Lauter Güte und Huld werden mir folgen mein Leben lang / und im Haus des Herrn darf ich wohnen für lange Zeit.

PSALM 23

Dieser Psalm ist einer meiner Lieblings-psalmen, weil er das Wesentliche meines Lebens aussagt. Seine Verse berühren mein Leben immer neu, wenn ich die Worte laut – z.B. im Rhythmus des Herzens – vor mich hin sage. Solch wiederholendes Beten führt mich zu innerer Fülle, zum Gebet der Ruhe, zum kontemplativen Beten.

Jeder Vers trifft meine Situation; dies ist mein Psalm!
Ich weiß mich verstanden, bin ermutigt, getröstet, versöhnt.

1 [Von David.] Der Herr ist mein Licht und mein Heil: / Vor wem sollte ich mich fürchten? Der Herr ist die Kraft meines Lebens: / Vor wem sollte mir bangen?

2 Dringen Frevler auf mich ein, / um mich zu verschlingen, meine Bedränger und Feinde, / sie müssen straucheln und fallen.

3 Mag ein Heer mich belagern: / Mein Herz wird nicht verzagen. Mag Krieg gegen mich toben: / Ich bleibe dennoch voll Zuversicht.

4 Nur eines erbitte ich vom Herrn, / danach verlangt mich: Im Haus des Herrn zu wohnen / alle Tage meines Lebens, die Freundlichkeit des Herrn zu schauen / und nachzusinnen in seinem Tempel.

5 Denn er birgt mich in seinem Haus / am Tag des Unheils; er beschirmt mich im Schutz seines Zeltes, / er hebt mich auf einen Felsen empor.

6 Nun kann ich mein Haupt erheben / über die Feinde, die mich umringen. Ich will Opfer darbringen in seinem Zelt, Opfer mit Jubel; / dem Herrn will ich singen und spielen.

7 Vernimm, o Herr, mein lautes Rufen; / sei mir gnädig und erhöre mich!

8 Mein Herz denkt an dein Wort: „Sucht mein Angesicht!" / Dein Angesicht, Herr, will ich suchen.

9 Verbirg nicht dein Gesicht vor mir; / weise deinen Knecht im Zorn nicht ab! / Du wurdest meine Hilfe. Verstoß mich nicht, verlass mich nicht, / du Gott meines Heiles!

10 Wenn mich auch Vater und Mutter verlassen, / der Herr nimmt mich auf.

11 Zeige mir, Herr, deinen Weg, / leite mich auf ebener Bahn trotz meiner Feinde!

12 Gib mich nicht meinen gierigen Gegnern preis; / denn falsche Zeugen stehen gegen mich auf und wüten.

13 Ich aber bin gewiss, zu schauen / die Güte des Herrn im Land der Lebenden.

14 Hoffe auf den Herrn und sei stark! / Hab festen Mut und hoffe auf den Herrn!

PSALM 27

DEM DAVID DER PSALMEN
Aber im Mannesalter
maß er, ein Vater der Dichter,
in Verzweiflung
die Entfernung zu Gott aus,
und baute der Psalmen Nachtherbergen
für die Wegwunden.

Nelly Sachs

Gelebtes, erfahrenes, erlittenes, ersehntes
Leben – *Leben im Mannesalter*
Distanz und Nähe, die *Entfernung zu
Gott* wahrnehmen, *vermessen*
und darin verkürzen.
Hoffnung auf, Zweifel an, *Verzweiflung* ob,
Gewissheit im, Sehnsucht nach, Bitte an,
Flehen zum
                    Herrn
        Licht, Heil, Kraft, Schutz, Wegweiser
                    …
Wegwunden finden hier ihre *Herberge* in
der *Nacht*.

1 [Von David.] Der HERR ist mein Licht und mein Heil, vor wem sollte ich mich fürchten? Der HERR ist meines Lebens Hort, vor wem sollte ich mich ängstigen?

2 Fallen auch Bestien über mich her, um mich zu zerfleischen, meine Bedränger und meine Feinde, sie stürzen schon und fallen zu Boden.

3 Umlagert mich ein Heerlager, fürchtet sich nicht mein Herz. Erhebt sich wider mich ein Kampf, selbst dann bleibe ich furchtlos!

4 Nur eines wünsche ich mir vom HERRN und nur dahin geht mein Verlangen: Wohnen zu dürfen im Hause des HERRN alle Tage meines Lebens, die Freundlichkeit des HERRN schauen zu dürfen, allmorgendlich in Seinem Hause zu sein.

5 Er bietet mir Schutz in Seinem Haus am Tage, an dem mir ein Unheil droht, er gewährt mir besonderen Schutz in Seinem Zelt, hebt mich hoch auf den Fels.

6 Nun kann sich auch mein Haupt erheben, hoch über meine Feinde, die mich umringen. In Seinem Zelte bringe ich ein Opfer dar, ein Opfer des Jubels, singe und spiele vor dem HERRN.

7 Höre, HERR, den Ruf meiner Stimme, leihe mir Deine Gunst und erhöre mich!

8 Zu Dir spricht mein Herz: „Ich suche Dich, o HERR, Dein Antlitz suche ich!"

9 Verbirg Dein Angesicht nicht vor mir! Weise nicht im Zorn Deinen Knecht zurück, Du Gott, der Du mir Hilfe bist, verstoße mich nicht, verlasse mich nimmer, Du Gott meines Heiles!

10 Ja, mögen mich auch Vater und Mutter verlassen, Er holt mich heim.

11 Weise mir, HERR, Deinen Weg und leite mich auf ebnem Pfad um meiner Feinde willen.

12 Gebe mich nicht dem Übermut meiner Bedränger preis, denn falsche Zeugen stehen gegen mich auf, sie schnauben vor Gewalt.

13 O, wenn ich nicht vertraute, die Güte des HERRN zu schauen im Land der Lebenden.

14 Hoffe auf den HERRN, sei stark, festige dein Herz und setze auf den HERRN.

PSALM 27,10

eimweh hatte ich nie. Ich habe nie nachempfinden können, wenn andere in Ferien oder auf einer Reise heimwehkrank wurden. Auch Heimatgefühle sind mir fremd; das große Wort Heimat ist mir immer ein Rätsel geblieben. Selbst in meiner Kindheit im Elternhaus, später an anderen Lebensorten; es blieb immer eine Spur von Fremdheit, von unbeheimat sein; meistens nicht mehr als die Ahnung, dass die Erfüllung einer Verheißung von Heimat noch aussteht.

Aber im Kloster, so sollte man meinen! Das nun endlich ist der Ort, der mir zur Heimat wird. Leider nein, wieder nichts. Bis auf die immer größer werdende innere Unruhe, eine immer bedrängender werdende Sehnsucht nach Heimat, einem Ort der unendlichen Geborgenheit. Ankommen, endlich ankommen.

Wieder ein dunkler Tag. Fremd, alles um mich fremd. Alles in mir fremd. Dann am Abend in der Einsamkeit meines Zimmers suche ich Trost in meinem Lieblingspsalm 27, nehme die Übersetzung von Martin Buber dazu. Dann dieser Satz:

„Er holt mich heim." – Ich stutze. Lese ihn, sage ihn vor mich hin, wieder und wieder, immer wieder: Er holt mich heim. Er holt mich heim. Er holt mich heim. Er holt mich heim.

Plötzlich ist mir klar: ich bin maßlos in meinem Verlangen nach Heimat und darum wird es auch nur in dem, der selber ohne Maß ist, Erfüllung finden.

Ich hungere, dürste, lechze nach der Unendlichkeit des Ankommens und darum kann es sich nur in dem vollenden, der der Eine, der Ewige, der Unendliche selber ist.

Ich suche nichts weniger als das verlorene Paradies.

Heimat ist ein schwieriges Wort, eines derjenigen, die geschunden und missbraucht sind.

„Heim ins Reich" – Verhöhnung pur.

„Heimatvertrieben" – Urtrauma des Menschen.

„Heim für ..." – bittere Geborgenheit.

Wenn ich Heimat sage, meine ich das unbedingte, endgültige, totale Angenommensein und Angekommensein in der Fülle der Liebe. Heimat ist, was Jesus verspricht, wenn er sagt: „Ich will, dass sie das Leben haben und es in Fülle haben" (Joh. 10,10)

Vor kurzem las ich, dass all unsere Fragen, all unser Suchen nach Gott am Ende nicht in einer Antwort münden werden, sondern in einer Umarmung. Das nenne ich Heimat.

Aber es braucht den irdischen Lebensort, an dem die Sehnsucht nach Heimat ein Zuhause hat. Ein Lebensort, an dem Menschen mir nahe sind.

Ein Lebensort, an dem ich geben und nehmen darf.

Ein Lebensort, an dem ich verweilen und mich wandeln kann.

Ein Zuhause für die Sehnsucht, die maßlose Suche nach Heimat.

Der hl. Benedikt stellt dem Neuankömmling im Kloster nur eine Frage: ob er wirklich Gott sucht. Er nennt das Kloster nicht „Heimat" oder „Familie" oder „Zuhause", sondern „Schule für den Dienst des Herrn". Eine Schule, ein Lernort also, der vorbereitet auf das Ankommen; an dem ich lernend, tastend und erkennend voranschreiten oder manchmal auch nur voranstolpern kann auf dem Weg zum „himmlischen Vaterland" (RB 73,8). Ein Ort, an dem mich das Miteinander schwesterlicher Gemeinschaft ermutigt, prüft, stärkt, herausfordert, anfragt und unterstützt.

Keine kann der anderen Heimat sein. Aber in Gemeinschaft der Heimatsuchenden dürfen wir die Verheißung von Heimat leben im gemeinsamen Hören auf das Wort Gottes, im gemeinschaftlich gesungenen Lobpreis seiner Schöpfung, in der liturgischen Feier des Heilsweges Jesu im Kirchenjahr, im Teilen unserer Güter und Gaben, in der gelebten Ehrfurcht voreinander.

Gott will mir Heimat sein. Das sagt mir der Psalmvers. Daran halte ich mich fest. Er holt mich heim. Nicht erst nach meinem Tod. Diese Verheißung überwindet die Grenze von Leben und Tod. Gott holt mich heim. Alltäglich in Worten, Zeichen und Begegnungen. In Sternsekunden, in denen mein Ich sich in Ihn hinein verströmt und Er sich in mich hinein.

Bis ich endlich unendlich ankommen werde und in Seiner Umarmung daheim bin.

Daheim im Paradies Gottes, und wir treffen uns wieder am Baum des Lebens, und Gott wird uns von seinen Früchten zu essen geben (Offb 2,7).

Gott holt uns heim.

1 [Für den Chormeister. Mit Saitenspiel. Ein Psalm. Ein Lied.]

2 Gott sei uns gnädig und segne uns. / Er lasse über uns sein Angesicht leuchten, [Sela]

3 damit auf Erden sein Weg erkannt wird / und unter allen Völkern sein Heil.

4 Die Völker sollen dir danken, o Gott, / danken sollen dir die Völker alle.

5 Die Nationen sollen sich freuen und jubeln. / Denn du richtest den Erdkreis gerecht. Du richtest die Völker nach Recht / und regierst die Nationen auf Erden. [Sela]

6 Die Völker sollen dir danken, o Gott, / danken sollen dir die Völker alle.

7 Das Land gab seinen Ertrag. / Es segne uns Gott, unser Gott.

8 Es segne uns Gott. / Alle Welt fürchte und ehre ihn.

PSALM 67

Es tut gut, am Morgen um den Segen Gottes zu bitten und dass Er uns Seine Nähe erfahren lässt – Sein leuchtendes Angesicht. Zu bitten, dass Er uns heute und jeden Tag immer neu zeigt, wie ich Seinen Weg gehen soll.

In Psalm 67 bete ich für und mit allen um das Heil aller. Und ich werde aufgefordert, Ihn mit allen Völkern zu loben. Ist Er doch der Schöpfer der ganzen Welt und aller Menschen, der auch allen die Frucht der Erde schenkt. So binde ich mich ein in die ganze Völkerfamilie oder Menschheitsfamilie, und so darf ich mit allen in den Lobpreis einstimmen.

1 Halleluja! Singt dem Herrn ein neues Lied! / Sein Lob erschalle in der Gemeinde der Frommen.

2 Israel soll sich über seinen Schöpfer freuen, / die Kinder Zions über ihren König jauchzen.

3 Seinen Namen sollen sie loben beim Reigentanz, / ihm spielen auf Pauken und Harfen.

4 Der Herr hat an seinem Volk Gefallen, / die Gebeugten krönt er mit Sieg.

5 In festlichem Glanz sollen die Frommen frohlocken, / auf ihren Lagern jauchzen:

6 Loblieder auf Gott in ihrem Mund, / ein zweischneidiges Schwert in der Hand,

7 um die Vergeltung zu vollziehn an den Völkern, / an den Nationen das Strafgericht,

8 um ihre Könige mit Fesseln zu binden, / ihre Fürsten mit eisernen Ketten,

9 um Gericht über sie zu halten, so wie geschrieben steht. / Herrlich ist das für all seine Frommen. Halleluja!

PSALM 148

D er Psalm gibt mir die Gewissheit, dass es Gott gibt und dass er für uns da ist, auch für mich persönlich. Es ist eigentlich ein Dankgebet. Indem ich Ihn lobe und preise, danke und erkenne ich an, dass Er all dieses geschaffen hat, und ich darf Ihm mit der ganzen Schöpfung dafür danken und Ihn loben.

SR. MIRJAM

HEILIGE SCHRIFT

21 In eben dieser Stunde jubelte er im heiligen Geist und sprach: Hochpreise ich dich, Vater, Herr des Himmels und der Erde, daß du dieses vor Weisen und Klugen verborgen, Unmündigen aber enthüllt hast. Ja, Vater du, so hat es Gefallen gefunden vor dir. 22 Alles ist mir von meinem Vater übergeben. Und keiner kennt, wer der Sohn ist, denn der Vater – und keiner, wer der Vater ist, denn der Sohn, und je wem der Sohn es mag enthüllen.

LUKAS 10,21ff.

J esus, wenn ich diese Perikope aus dem Lukasevangelium lese, reist meine Erinnerung nach Galiläa. Da sehe ich Dich, auf einem Hügel stehend, hoch über dem silbrig glitzernden See, strahlendes Morgenlicht und die paradiesische Frühlingspracht Deiner irdischen Heimat sind um Dich. Du, ein Mensch – der Mensch. Du, Anfang, Mitte und Ziel der Schöpfung, des ganzen Universums. Du, Schöpfer, nicht Geschöpf, Sohn des Vaters. Du, in der namenlosen Freude und anfangslosen Lichtes Bewegung des Heiligen Geistes!

Dreifaltiger Gott! Höchsten Lobpreises würdig. In allem über allem, ohne jedes Maß, alles übersteigend, was wir zu denken vermögen.

Was weiß ich von Dir?

Was kann mein Herz erahnen und vielleicht in der sichtbaren Welt entdecken? Allenfalls einen kleinen Hauch!

Ich sehe Dich, Jesus, den Menschen, der Gottes Sohn ist, durch dessen Wort alles wurde, was geworden ist, durch dessen Menschsein uns die Liebe des Vaters aufleuchtet.

Du lebst im Vater, wer Dich sieht, sieht IHN.

Dein inniges Einssein mit IHM, Dein grenzenloses Vertrauen, Dein großes, umfassendes, ganz hörendes Ja zum Leben und zur Wirklichkeit seines Willens darin trägt sich durch auf allen Stufen Deines Weges. Bis hinauf ans Kreuz, bis in den Schrei des Verlassenseins und des

vertrauensvollen Zurücklegens Deines menschlichen Lebens in die Hände des Vaters.

Ja, IHM hat es gefallen, Dir alles zu geben, alles Wissen, alle Macht, alle Güte. Er nur kennt Dein Sohnsein, so wie nur Du Sein Vatersein kennst, in all den Tiefen, die der Geist durchflutet. Aber Du kannst wollen, dass wir, die Du Deine Brüder und Schwestern nennst, hineingenommen werden in die große, alles erfassende Liebesdynamik Gottes.

Die Weisen und Klugen, die sich erwachsen und im Besitz, im Haben des Wissens rühmen, füllen ganze Bibliotheken mit theologischer Wissenschaft. Vielleicht ist am Ende alles bloß Stroh? Die Kindlichen dagegen, die Unmündigen, die Habenichtse, lässt Du aus Deiner Fülle Gnade über Gnade empfangen. Durch Deinen Heiligen Geist gießt Du Deine Liebe aus in ihre Herzen, dass sie Dich und den Vater erkennen. Du schenkst Erkenntnis, innerstes Kennen, wann und wem Du willst: So wie eine Mutter ihr Kind und das Kind seine Mutter kennt; in tiefem Vertrautsein und in der nicht hinterfragten Einfachheit herzlicher, personaler Beziehung. Wem das schon ein Geheimnis bleibt, um wie viel mehr wird Dein dreifaltiges Da-Sein immer jenes Geheimnis bleiben, das wir Gott nennen: Das Geheimnis im tiefsten Seinsgrund unserer Seelen verborgen. Vielleicht wirst Du es einmal ein wenig lichten, wenn wir es demütig und ehrfurchtsvoll anerkennen und verehren oder in jubelnder Freude preisen. Noch ist alles dunkel, Herr, aber mein ganzes Wesen fleht innig zu Dir. Zähle mich zu den Kleinen und Unmündigen, die mit allen Fasern Dein Offenbar-Werden erwarten.

AMEN.

Die Welt vergeht mit ihrer Lust, wer aber den Willen Gottes tut, der bleibt in Ewigkeit.

1 Joh 2,17

Die den Herrn liebhaben, müssen sein wie die Sonne, wenn sie aufgeht in ihrer Kraft.

Ri 5,31

RICHTER 5,31 UND 1. JOHANNES 2,17

Die nebenstehenden Sprüche habe ich mir nicht selber ausgewählt, sondern sie sind mir persönlich zugesagt worden; der erste (1 Joh 2,7) bei der Taufe als Baby; der zweite (Richter 5,31) bei der Konfirmation im Alter von 15 ½ Jahren. Der Brauch der evangelischen Kirche – zu ihr gehörte ich bis zur Konversion im Erwachsenenalter – halte ich für sinnvoll: sie regt an zum Nachdenken über die vorgegebenen Leitsätze, die den damit beschenkten Menschen nach dem Willen der Eltern, Paten und Geistlichen sein Leben lang begleiten sollen.

Die Welt vergeht mit ihrer Lust, wer aber den Willen Gottes tut, der bleibt in Ewigkeit (1 Joh 2,17)

Was weiß ich als Baby schon von der Lust der Welt oder dem Ewigen Leben? Auch ich habe erst viel später, nämlich in den Jahren des Konfirmandenunterrichts, angefangen über meinen Taufspruch nachzusinnen. Was ist denn „die Lust der Welt", was ist „der Wille Gottes"? Klar war mir damals, dass ich auf jeden Fall „in Ewigkeit bleiben" wollte. Wie sollte ich mich also verhalten? Die „Welt mit ihrer Lust", d.h. mit ihrer Schönheit in der Natur, den diversen Künsten, Musik, den vielen Möglichkeiten zu Unternehmungen und Tätigkeiten, die einem Freude machen, gefiel mir durchaus! Aber – so erkannte ich – sie ist vergänglich, und man darf sein Herz nicht ganz daran verlieren. Was wirklich zählt im Leben ist das Tun entsprechend dem „Willen Gottes". Also fing ich an, in den Texten der Bibel aufmerksam nach Ihm zu forschen und das zu verinnerlichen und möglichst auch umzusetzen, was als Gottes Wille für mich deutlich wurde. Ich frage ständig danach, wie Gott selbst in den verschiedenen Situationen des Alltags an meiner Stelle handeln würde. Denn alles menschliche Tun zieht Kreise und hat für uns unübersehbare Auswirkungen auf die Mitmenschen, Um- und Nachwelt … „Dein Wille geschehe", beten wir im Vaterunser und müssen doch immer wieder erkennen, dass wir selbst oft noch weit davon entfernt sind, alles zu akzeptieren, was Gottes Weisheit uns zudenkt und zumutet. Aber es gibt keinen Grund, darum die Hoffnung zu verlieren. Ich vertraue auf die Barmherzigkeit Gottes und dass am Ende alles gut wird, denn Christus ist unser Retter. Darum freute ich mich damals auch sehr, als der Pastor meinen Konfirmationsspruch verlas: Die den Herrn liebhaben, müssen sein wie die Sonne, wenn sie aufgeht in ihrer Kraft (Ri 5,31).

Die aufgehende Sonne bringt Licht und Wärme in eine dunkle und kalte Welt, sie vertreibt die Schrecken der Nacht und schenkt uns Freude an Wachstum und Leben. Zähle ich zu denen, die den Herrn liebhaben? Für mich ist das klar: Ja. Also soll ich mich an IHM, an der strahlenden Sonne orientieren und darf nicht griesgrämig-sauertöpfisch aussehen. Das bin ich ihm schuldig. Denn wie gibt man Seine Frohe Botschaft weiter, wenn man selber nicht von Herzen froh ist über alles, was ER für uns getan und uns verheißen hat? Die Sonne scheint auf Gute und Böse. Ebenso gilt Gottes Liebe allen Menschen und soll durchscheinen und aufstrahlen in denen, die den Herrn liebhaben, damit die Welt etwas davon erfahren kann.

Herr, schenke mir jeden Tag Dein Leuchten und ein Lächeln zur Weitergabe. Danke!

ZUR MITTE

Als Salomo sein Gebet beendet hatte, fiel Feuer vom Himmel und verzehrte das Brandopfer und die Schlachtopfer. Die Herrlichkeit des Herrn erfüllte den Tempel. Die Priester konnten das Haus des Herrn nicht betreten, da die Herrlichkeit des Herrn es erfüllte. Alle Israeliten sahen, wie das Feuer herabfiel und wie die Herrlichkeit des Herrn über dem Tempel erschien. Sie warfen sich mit dem Gesicht zur Erde auf das Steinpflaster nieder, beteten den Herrn an und priesen ihn: „Denn er ist gütig, denn seine Huld währt ewig."

Das Paschafest der Juden war nahe, und Jesus zog nach Jerusalem hinauf. Im Tempel fand er die Verkäufer vom Rindern, Schafen und Tauben und die Geldwechsler, die dort saßen. Er machte eine Geißel aus Stricken und trieb sie alle aus dem Tempel hinaus, dazu die Schafe und Rinder; das Geld der Wechsler schüttete er aus, und ihre Tische stieß er um. Zu den Taubenhändlern sagte er: „Schafft das hier weg, macht das Haus meines Vaters nicht zu einer Markthalle!" Seine Jünger erinnerten sich an das Wort der Schrift: *Der Eifer für dein Haus verzehrt mich.*

2 CHRONIK 7,1–4 UND JOHANNES 2,13–17

D iese beiden Schriftstellen sind für mich eng mit unserem Kirchweihfest verbunden und treffen mich in meiner tiefsten Sehnsucht: reines Gefäß Gottes zu werden.

Nun bin ich mir sehr bewusst, dass ich das bei weitem nicht bin und meine, zum einen immer wieder zu wissen, wie ich eigentlich sein müsste, um Gott zu gefallen, und finde zum anderen aber auch immer wieder ausreichend entschuldigende Gründe, warum ich so bin, wie ich bin und auch gar nicht anders sein kann. Aber wenn ich die Worte des hl. Paulus „Gottes Tempel ist heilig, und der seid ihr" (1 Kor 3,17b) ernst nehme, dann kann ich mich mit meinen Entschuldigungen nicht begnügen, denn dann will Gott mich genau wie den Tempel des Salomo in 2 Chr 7 mit Seiner Herrlichkeit erfüllen.

Mich fasziniert bei der Perikope immer neu, dass selbst die Priester, die ja schon von Amts wegen in den Tempel gehörten, nicht hineingehen konnten, weil er von der Herrlichkeit des Herrn erfüllt war. Das bedeutet doch, dass auch in mir – wenn ich mich denn wirklich darauf einlassen will – nichts wichtiger sein kann, als mich von IHM erfüllen zu lassen. Irgendwie lässt mich das die Luft anhalten – sowohl vor

Freude als auch ein Stück vor Furcht, denn das kann ja nicht ohne Auswirkung auf mein Leben geschehen, so sage ich mir. Immerhin halte ich ja so vieles, was in mir ist oder mich bewegt, für einen wesentlichen Bestandteil von mir, von dem zu lassen ich mir auf Anhieb nicht oder nur schwer vorstellen kann. Lange Zeit hieß deshalb meine Sehnsucht, mich von IHM erfüllen zu lassen, für mich, dass ich mich aus eigener Kraft komplett ändern und ein besserer Mensch werden muss. Damit meine ich, die Voraussetzung dafür zu schaffen, dass Gott bereit ist, in mir Wohnung zu nehmen. Das hat mich natürlich total entmutigt, weil ich das – zumindest aus aus eigener Kraft – nicht zu leisten vermag. Doch dann ging mir eines Tages beim Betrachten des Evangeliums von der Tempelreinigung in Johannes 2 auf, dass Jesus selbst im Haus seines Vaters „aufräumt". Das bedeutet nicht, dass ich einfach drauflosleben kann, ohne mich um rechts oder links zu kümmern, aber ich darf auf Seine Hilfe bauen. Ja, die Initiative und das Bewusstsein für die Notwendigkeit der Änderung müssen nicht einmal von mir selbst ausgehen. Hilfreich begegnete mir in diesem Zusammenhang Weisheit 11,23: „Du erbarmst dich aller, weil du alles vermagst, und siehst über die Sünden der Menschen hinweg, damit sie sich bekehren". Vor diesem Hintergrund sind Umkehr und Bekehrung möglich, weil ich den Weg nicht allein gehen muss. ER, der liebende und barmherzige Gott ist mit mir – ja, in meinem tiefsten Innern in mir und wartet nur darauf, dass ich mich immer mehr auf IHN einlasse, sodass ER immer mehr Raum in mir bekommt, um mich so mehr und mehr mit SEINER Herrlichkeit zu erfüllen.

26 Im sechsten Monat wurde der Engel Gabriel von Gott in eine Stadt in Galiläa namens Nazaret

27 zu einer Jungfrau gesandt. Sie war mit einem Mann namens Josef verlobt, der aus dem Haus David stammte. Der Name der Jungfrau war Maria.

28 Der Engel trat bei ihr ein und sagte: Sei gegrüßt, du Begnadete, der Herr ist mit dir.

29 Sie erschrak über die Anrede und überlegte, was dieser Gruß zu bedeuten habe.

30 Da sagte der Engel zu ihr: Fürchte dich nicht, Maria; denn du hast bei Gott Gnade gefunden.

31 Du wirst ein Kind empfangen, einen Sohn wirst du gebären: dem sollst du den Namen Jesus geben.

32 Er wird groß sein und Sohn des Höchsten genannt werden. Gott, der Herr, wird ihm den Thron seines Vaters David geben.

33 Er wird über das Haus Jakob in Ewigkeit herrschen und seine Herrschaft wird kein Ende haben.

34 Maria sagte zu dem Engel: Wie soll das geschehen, da ich keinen Mann erkenne?

35 Der Engel antwortete ihr: Der Heilige Geist wird über dich kommen, und die Kraft des Höchsten wird dich überschatten. Deshalb wird auch das Kind heilig und Sohn Gottes genannt werden.

36 Auch Elisabet, deine Verwandte, hat noch in ihrem Alter einen Sohn empfangen; obwohl sie als unfruchtbar galt, ist sie jetzt schon im sechsten Monat.

37 Denn für Gott ist nichts unmöglich.

38 Da sagte Maria: Ich bin die Magd des Herrn; mir geschehe nach deinem Wort.

Danach verließ sie der Engel.

LUKAS 1,38

J eden Mittag, wenn die Glocke läutet, bete ich mit diesen Worten. Ich sage sie still in mich hinein und spüre, wie sie mir zu eigen werden. Dabei gefällt mir besonders der Gedanke, auch eine Magd des Herrn zu sein. Anders als ein Tagelöhner gehört eine Magd zum Haus, sie hat einen festen Platz in ihrem Lebensumfeld. Eine Magd des Herrn gehört zum Herrn. Während sie für ihn arbeitet und ihm zu Diensten steht, sorgt er für ihr Auskommen und Wohlergehen. Das wünsche ich mir für mein Leben mit Gott: nach seinem Willen das Gute zu tun und mich ganz seiner Sorge anzuvertrauen.

Ich glaube, dass man sich ganz in Gott hineinvertrauen kann von Kopf bis Fuß und dass er es gut mit uns meint. Maria, die Mutter Jesu, hat die Verkündigung des Engels vernommen, hat nachgedacht, nachgefragt und Vertrauen gefasst. So konnte sie sagen: „Siehe, ich bin die Magd des Herrn, mir geschehe nach deinem Wort." Von Maria möchte ich gern viel lernen: die Stimme der Verheißung hören, nachdenken und nachfragen. Wie sie will ich in Liebe und Vertrauen meinen Weg mit Gott gehen. Jeden Mittag erinnere ich mich daran: Vertrau auf Gott und habe Mut.

3 Als Jesus in Betanien im Haus Simons des Aussätzigen bei Tisch war, kam eine Frau mit einem Alabastergefäß voll echtem, kostbarem Nardenöl, zerbrach es und goss das Öl über sein Haar.

4 Einige aber wurden unwillig und sagten zueinander: Wozu diese Verschwendung?

5 Man hätte das Öl um mehr als dreihundert Denare verkaufen und das Geld den Armen geben können. Und sie machten der Frau heftige Vorwürfe.

6 Jesus aber sagte: Hört auf! Warum lasst ihr sie nicht in Ruhe? Sie hat ein gutes Werk an mir getan.

7 Denn die Armen habt ihr immer bei euch und ihr könnt ihnen Gutes tun, so oft ihr wollt; mich aber habt ihr nicht immer.

8 Sie hat getan, was sie konnte. Sie hat im voraus meinen Leib für das Begräbnis gesalbt.

9 Amen, ich sage euch: Überall auf der Welt, wo das Evangelium verkündet wird, wird man sich an sie erinnern und erzählen, was sie getan hat.

Markus 14, 3–9

3 Da nahm Maria ein Pfund echtes, kostbares Nardenöl, salbte Jesus die Füße und trocknete sie mit ihrem Haar. Das Haus wurde vom Duft des Öls erfüllt.

Johannes 12, 3

VOM ANFANG

n einer angeleiteten Leibarbeit fielen einmal die Worte: „Euer Leib ist in Gottes Augen ein kostbares Gefäß, ein wunderschönes Tongefäß. Stellt euch ein kostbares Alabastergefäß vor ...“ Diese Worte haben sich mir eingeprägt und wurden zu einem Schlüssel, um diese Schriftstellen der Bibel tiefer zu verstehen. Sie wurden für mich zu einem Schlüsselwort meines Lebens, mit dem ich gern immer wieder neu betend umgehe ... (Mk 14,3–9 und Joh 12, 3)

Über Dich freue ich mich, Gott, weil Du da bist und weil Du bist – wie Du bist!

Mit meinem Leben singe ich Dir. Wie soll ich Dich preisen, Dich meinen Gott?

In der Geschichte der Frau aus der Bibel finde ich mich wieder. Sie, die ein Alabastergefäß mit echtem, kostbarem Öl kauft, um Dich damit zu salben. Sie zerbricht es für Dich und der Duft des Öls erfüllt das ganze Haus.

Auf meinem Weg mit Dir kann ich im Blick Deiner Liebe entdecken, wie Du mich gedacht hast, meine Zerbrochenheit wahrnehmen, sie von Dir berühren lassen.

Mit Deiner Zuwendung, Deiner Schönheit und Liebe verwandelst Du mich!

Nun strömt Dir das Öl meines Lebens entgegen.

Die Zerbrochenheit des Alabastergefäßes ermöglicht, dass mein Leben überfließend wird – verwandelt in strömendes Lob.

Das zerbrochene Alabastergefäß meines Lebens bringe ich Dir. Mein Leben mit allem Tun und Lassen verschwende ich für Dich.

Wird mein Lebenshaus nicht erfüllt sein vom Duft des fließenden Öls?

CHRISTUS DER PASSION

Die Ikone zeigt Christus, so wie ihn die Soldaten des Pilatus zurechtgemacht haben, als sie ihn verspotteten: *„Sie zogen ihn aus und legten ihm einen purpurroten Mantel um. Dann flochten sie einen Kranz aus Dornen, den setzten sie ihm auf und gaben ihm einen Stock in die rechte Hand. Sie fielen vor ihm auf die Knie und verhöhnten ihn, indem sie riefen: Heil dir, König der Juden."* (Mt 27,28f.)

Die Soldaten selbst und der Ort sind nicht abgebildet; so stehen wir in der Betrachtung allein mit uns und Christus und seinem Leid. Für mich drücken die etwas abgewandte Kopfhaltung und die schmerzlich zusammengezogenen Augenbrauen aus, wie viel sich Gott die Erlösung der Menschen durch den Weg von Passion und Auferstehung hat kosten lassen. Wenn ich es schon anrührend finde, wenn ein Freund oder eine Freundin mir etwas Nettes und Gutes tun, wie könnte mich dann der Einsatz Christi kalt lassen?

Die Beschriftung ist griechisch. Die Buchstaben rechts und links oben in den Ecken sind die Abkürzung für Jesus (links) und Christus (rechts). Die Buchstaben im Heiligenschein bilden ein Wort aus drei Buchstaben. Es ist übersetzt „der Seiende" und wird in der griechischen Bibel für den Gottesnamen Jahwe „Ich bin der Ich-bin-da" (Ex 3,14) gebraucht. Auf den Ikonen hat Christus als Symbol der Passion immer ein Kreuz in seinem Heiligenschein und meist im Kreuz diese Buchstaben, die seine Einheit mit Gottvater betonen: „Wer mich gesehen hat, hat den Vater gesehen." (Joh 14,9) Auf diese Weise sagt mir die Beschriftung, daß hier nicht nur das Leiden des menschgewordenen Gottessohnes dargestellt ist, sondern daß auch Gottvater sich mit auf diesen Weg begeben hat. Gott leidet. Wenn ich dieses Leiden anschaue und – wie bei so vielem rein menschlichen Leid – mit dem eigenen Unvermögen, das Leid abzuwen-

den, dastehe, dann läßt das in mir Energie wachsen, im Kleinen doch das mir Mögliche zu tun. Ich kann selbst nicht erklären, wieso mich dieses Passionsbild nicht lähmt oder niederschmettert, aber es hat in der Tat genau die gegenteilige Wirkung auf mich: ich empfinde es als stärkend und ermutigend.

Der Titel der Ikone steht rechts: „Der Bräutigam". Dieser Titel kommt von einem Gesang aus der Liturgie des Palmsonntags, bei der diese Ikone zum Beginn der Karwoche durch die Kirche getragen wird:

„Siehe, der Bräutigam kommt mitten in der Nacht. Gesegnet ist der Diener, den er wachend findet; unwürdig ist jedoch, wen er sorglos findet. Deswegen gib acht, meine Seele, daß du dem Schlaf nicht verfällst, damit du nicht dem Tod übergeben und aus dem Reich ausgeschlossen wirst. Darum sei wach und rufe: Heilig, heilig, heilig bist du, unser Gott! Auf die Fürsprache der Gottesmutter erbarme dich unser!"

Dieser Gesang spielt an auf das Gleichnis von den zehn Jungfrauen, die auf das Kommen des Bräutigams warten. Er muntert uns auf, nicht über unserer Arbeit, unseren Hobbies und allem, was um uns geschieht und uns beschäftigt, das Wesentliche an den Rand rutschen zu lassen: die Beziehung zum Bräutigam, auf den wir warten. Der Tod, vor dem die Seele gewarnt wird, erscheint mir weniger ein Gerichtsurteil, das mir von außen auferlegt wird, als eine Konsequenz aus dem eigenen falschen Handeln, das in den Bildern oberflächlicher Sorglosigkeit und des Schlafes dargestellt wird. Mir gefällt, daß dieser Gesang falsches Handeln in Bildern ausdrückt – so gibt es keine konkreten Anklagen, und ich kann je nach Situation in dem Impuls des Textes etwas erkennen, das gerade hier und jetzt auf mich und meine Situation paßt.

Die Ikone des „Christus der Passion", im Griechischen als „der Bräutigam" bezeichnet, ist für mich ein Bild, das mich anrührt. Es regt mich weniger zum Nachdenken und zum Beten mit Worten an, sondern es ist einfach da zum Anschauen und rührt an gute Kräfte in mir, die es ermuntert und stärkt. Es ist mir ein Gegenüber, das mich für die Herausforderungen des Tages fit macht.

DER KREUZWEG

ein eigener Kreuzweg begann vor ein paar Jahren, als ich an einem Sonntagmorgen im Spätsommer eine neue Laufstrecke ausprobierte, die mit mehreren Wegkreuzen versehen war. Während der nächsten Wochen, in denen mir die Strecke vertrauter wurde, schenkte ich den Kreuzen mehr Beachtung. Zunächst eher zufällig, dann bewusster hielt ich Ausschau nach weiteren Kreuzen, so dass beim Anbruch des Winters auch die letzte meiner 14 Stationen ihren Ort gefunden hatte.

So begann ich den Kreuzweg in der Dunkelheit jenes Dezembers ohne eine klare Ahnung, wohin es mich führen sollte. Wie ich seitdem entdeckt habe, war und ist es eine fortdauernde Reise aus der kalten Dunkelheit – mit dem Licht der Weihnacht – über den Sonnenaufgang im Frühling – und dem Dunkel des Karfreitags – zu der Hoffnung und Freude des Ostersonntags … Und das jeden Sonntag, immer und immer wieder. Manchmal ist es das Gebet, das am allermeisten passt, vor allem in der Fastenzeit. Aber ich bin auch der anscheinenden Unvereinbarkeit des Kreuzwegs begegnet, wie im Advent, an Weihnachten und Ostern. In diesen Zeiten spürte ich jedoch im Besonderen die Einheit zwischen dem „Ja" in der Heiligen Nacht und dem „Ja" am Kreuz. Es ist ein Weg, gegangen von dem einen menschgewordenen Gott. Es ist zugleich die Ausfaltung des „Ja" Gottes zur Menschheit und des „Ja" der Menschheit zu Gott. Wenn ich den Kreuzweg bete, nehme ich nicht nur teil am Kreuzweg Jesu, sondern ich öffne mich auch für den Weg Gottes mit mir, dem Weg, auf den mich Jesus einlädt, wenn er sagt: „Nimm dein Kreuz auf dich und folge mir nach!"

1. Station. *Jesus wird zum Tode verurteilt.* – Oft verwende ich meine Zeit des Betens darauf, Gott zu bitten, etwas von mir zu nehmen oder mir etwas zu geben; und Jesus zeigt uns tatsächlich, dass es eine Zeit gibt zu beten: „Herr, lass diesen Kelch an mir vorübergehen!" Doch wenn ich zu Gott bete mit offenen Ohren und offenen Armen, mache ich mich bereit, auf Ihn zu hören und Ihm zu antworten. Manchmal ist die Antwort Gottes auf mein Gebet nicht die, die ich mir aussuchen würde. Bin ich gewillt, sein Wort anzunehmen? Bin ich gewillt, die unbekannten und vielleicht unbequemen Folgen zu tragen?

2. Station. *Jesus nimmt das Kreuz auf seine Schultern.* – Entscheidend für den Entschluss, das Kreuz zu tragen, ist, es auch in konkreten Angelegenheiten zu tun. Es ist eine Sache, „Ja" zu sagen im leidenschaftlichen Gebet, eine andere, auch in den alltäglichen Situationen dazu zu stehen. Doch sobald ich erkenne, dass Gott etwas von mir erbittet, liegt es an mir, entsprechend zu handeln. Bin ich gewillt, die Dinge, die mir heute aufgegeben sind, anzunehmen? Bin ich gewillt zu akzeptieren, wer und was ich bin und was Gott für mich hat? Bin ich gewillt, mein Kreuz auf mich zu nehmen und ihm nachzufolgen, und zwar nicht nur im Herzen, sondern auch auf dem konkreten Weg des Kreuzes?

3. Station. *Jesus fällt zum ersten Mal unter dem Kreuz.* – Diese Station tröstet und erschreckt zugleich, da sie mich daran erinnert, dass ich trotz aller Annahme des Kreuzes erwarten kann und muss, dass ich falle. Jedes Mal wenn ich „Ja" sage zu Gott, sage ich auch „Ja" zum Schöpfer und zu seinem immer noch werdenden Schöpfungsplan. Den Weg, den er mich bittet zu gehen, ist deutlich ausgezeichnet, und Jesus selbst zeigt mir, wie ich ihn gehen soll. Dennoch bleibt er mir unbekannt und auch das Kreuz bleibt schwer. Teil der Annahme dieses Weges ist die Annahme, zu lernen, ihn zu gehen. Wer hat jemals zu gehen gelernt, ohne mindestens einmal oder zweimal oder sogar dreimal zu fallen?

4. Station. *Jesus begegnet seiner Mutter.* – Manchmal ist die Person, deren Unterstützung ich am meisten ersehne, nicht in der Lage, mich zu ermutigen. Er oder sie steht der Situation zu nahe, um mir Stärke zu sein. Und doch, wie mir diese Station zeigt, ist hier eine der größten Tröstungen gegeben: Mitleid – das Teilen meines Leidens. Dieses Mitgehen in meinem Schmerz ist die Quelle aller Kraft, wenn mein Herz nur genug zerbrochen ist, um es anzunehmen. Ebenso bewährt sich meine Bereitschaft, jemanden im Schmerz zu begleiten, als eine Quelle der Kraft unter der Last des Kreuzes.

5. Station. *Simon von Zyrene hilft Jesus das Kreuz tragen.* – Unterwegs ersehnen wir Trost in unterschiedlichsten Formen. Menschen wie Maria, die die tiefere Bedeutung des Kreuzes verstehen, sind in ihren Möglichkeiten, die äußerliche Bürde zu teilen, manchmal begrenzt. Doch das Kreuz drückt schwer auf den Schultern. Diese Station erinnert mich daran, dass andere Menschen manchmal gerade in ihrem Unverständnis eher die Kraft haben, für mich das Kreuz aufzunehmen und zu tragen. Dass sie die innere Last nicht verstehen, mindert nicht den Wert ihrer Hilfe. Einfache praktische Hilfe. Auch das ist ein Geschenk Gottes.

6. Station. *Veronika reicht Jesus das Schweißtuch.* – Die Last des Kreuzes ist nicht auf das Gewicht des Holzes beschränkt. Auch die Tränen und der Schweiß drücken nieder. Wie Simon so ist auch Veronika ein Beispiel für praktische Hilfe. Sie ist der Mensch, der im rechten Augenblick gegenwärtig ist, um in der Weite des Herzens mich in meiner Not wahrzunehmen und mit menschlicher Liebe zu berühren. Sie nimmt den Schmerz weder weg noch teilt sie ihn. Aber ihr Angebot ist notwendiger Trost, und das ist ebenfalls ein Geschenk Gottes.

7. Station. *Jesus fällt zum zweiten Mal unter dem Kreuz.* – Trotz der erhaltenen Hilfe, trotz der aufgehobenen Last des Kreuzes und des weggewischten Schweißes bleibt der Weg schwer und das Ende weiterhin anscheinend unannehmbar. Ein weiteres

Fallen ist unvermeidlich. Aber wie beim ersten Mal ist es nicht Anzeichen mangelnder Willenskraft oder eines Versagens. Fallen gehört vielmehr zum Gehen dazu. Wichtig ist nur, wieder aufzustehen und weiterzugehen.

8. Station. *Jesus begegnet den Töchtern Jerusalems.* – Hier kreuzt der Weg Jesu meinen eigenen. Diese Station erinnert mich daran, dass einerseits ich eine der Töchter Jerusalems bin, die mit Jesus auf seinem Weg nach Golgotha spricht. Ich stelle Fragen. Ich versuche zu trösten. Ich spreche aus meiner Unwissenheit heraus zu meinem Gott auf seinem Weg zum Tod. Andererseits ist auch Jesus eine von ihnen, wenn er auf meinem Kreuzweg zu mir kommt. Er begegnet mir ähnlich den Jüngern auf dem Weg nach Emmaus mit Trost und der Kraft der Auferstehung. So kann ich weitergehen, so kann ich sogar noch in der Mitte des Kreuzweges „Ja" sagen zu Gott.

9. Station. *Jesus fällt zum dritten Mal unter dem Kreuz.* – Auch wenn die Kraft, die ich gestern oder bei der letzten Station erhielt, genügte, um bis hierher durchzuhalten, ist diese Station eine letzte Erinnerung daran, dass das Fallen zu meinem Gehen gehört. Trotz der wiederholten Bejahung, trotz der vielen bereits gemachten Schritte, ist der Weg nicht leichter geworden, bleibt das Ziel unbequem. Aber wie das Fallen weiterhin ein Teil meines Gehens ist, so auch das Aufstehen.

10. Station. *Jesus wird seiner Kleider beraubt.* – Bis jetzt war ich die Handelnde. Sicher, alles was ich tat, geschah als Antwort auf den Anruf Gottes und auf die vor mir liegenden ganz praktischen Umstände. Ebenso nahm ich unterwegs die nötige Hilfe entgegen. Doch war ich es, die die Schritte setzte. Nun wird mir sogar dies genommen. Hoffnung und Trost, die mir bis jetzt geblieben waren, sind verschwunden und ich stehe nackt vor meinem Kreuz. Hier bin ich zurückgeworfen auf das Vertrauen, dass mein „Ja" nicht ein „Ja" zum Leiden und zum Tod war. Es war ein „Ja" zu Gott und zu seinem Weg als Durchgang zum Leben. Nur dieses „Ja" kann jetzt bestehen.

11. Station. *Jesus wird an das Kreuz genagelt.* – Am Anfang des Weges war ich es, die das Kreuz aufnahm. Nun ist der Zeitpunkt, an dem das Kreuz mich aufnimmt. Ich bin mit ihm vereint, ein für alle Mal, in guten und schlechten Zeiten. Und obwohl ich weiß, dass ich auf dem Weg in meinen Tod bin – sei es der Tod eines Traumes, der Tod meines Willens, der Tod meiner Kontrolle über irgendetwas–, ist es nicht blinder Glaube, sondern aufrichtige Überzeugung, die mich bis hierher geführt hat. Und nun nehme ich die Folgen des Weges an, zu dem ich „Ja" gesagt habe. Suscipe me, Domine.

12. Station. *Jesus stirbt am Kreuz.* – Es gibt kein Zurück mehr. Ich habe „Ja" gesagt zu meinem Kreuz, „Ja" zu diesem Weg, „Ja" zu den Folgen. Hätte ich es nicht getan, es wäre nicht der wahre Kreuzweg. Nun ruht alles in Gottes Händen; meine Träume, mein Wille. Er hat die Herrschaft über alles und ich muss warten.

13. Station. *Jesus wird vom Kreuz genommen und in den Schoß seiner Mutter gelegt.* – Mein Teil mag getan sein. Das Ende meiner menschlichen Fähigkeiten ist erreicht. Doch auch nun umgeben mich die Menschen, die schon am Anfang und unterwegs bei mir waren und derer ich immer noch bedarf. Ihr Glaube, ihre Hilfe waren und sind immer noch bedeutsam für mich.

14. Station. *Der heilige Leichnam Jesu wird in das Grab gelegt.* – Mein Weg ist beendet, meine Träume sind außer Reichweite. Zusammen sind wir ins Grab gelegt worden. Doch auch hier, nach all dem, begegne ich der Beharrlichkeit der Liebe. Ich weiß von den frühmorgendlichen Besuchen von Maria Magdalena, von Petrus und Johannes. Ich weiß von den Engeln am Grab. Und obwohl ich den Kreuzweg in einem Grab beende, wo Staub zu Staub wird, erinnere ich mich an eine andere Höhle, wo Gott Mensch wurde in der Geburt Jesu Christi. In dieser Hoffnung warte ich in der dunklen Nacht und in der Stille des Karsamstags. Nichts bleibt mir mehr zu tun. Doch ich bin gewiss, heute ist Sonntag und wir Christen sind ein österliches Volk.

LITURGIE

LASS GEDEIHEN

DAS WERK

UNSERER HÄNDE

aus den Laudes

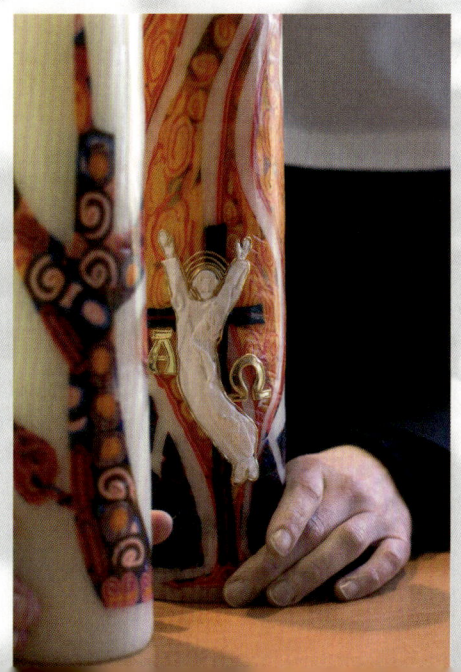

Komm, Heiliger Geist.
Sende von Gott herab
den Lichtstrahl deines Feuers.

Komm, Vater der Armen.
Komm, Spender der Gaben.
Komm, Licht der Herzen.

Wunderbare Zuversicht.
Bester Freund.
Spürbare Hilfe.

Du Ruhe in der Unruhe.
Du Maß in der Leidenschaft.
Du Trost in den Tränen.

Unendlich seliges Licht.
Erfülle das Herzensinnerste
deiner Treuen.

Ohne dein Wirken
ist es nichts mit dem Menschen,
nichts ungefährlich.

Kläre das Undurchsichtige.
Belebe die Wüste.
Heile die Wunden.

Löse das Starre.
Wärme das Kalte.
Führe das Abwegige.

Gib den Deinen,
die auf dich vertrauen,
die Fülle deiner Gaben.

Gib Segen im Tun.
Gib Heil im Sterben.
Gib Freude ohne Ende.

Amen. Halleluja

PFINGSTSEQUENZ I

J eden Morgen vor den Laudes ertönt es in mir: Komm, Heiliger Geist!
Jeden Morgen neu erbitte ich die Begegnung mit Ihm, erflehe ich Sein Wirken in
und an mir.
Es war nicht die Sequenz der pfingstlichen Liturgie, die einst in mein Bewusstsein
einbrach.
In einem Advent fiel mir dieser Anruf in die Hände und bildete den leisen Grundton
zum täglichen Ruf: Komm, Herr Jesus, Maranatha!
Innigste Einheit der Ankunft unseres Gottes.
Neugierig und suchend tastete ich mich an das Gebet heran. Eine Sehnsucht er-
wachte. Die Sehnsucht nach Begegnung mit dem lebendigen Gott, mit Seinem Heiligen Geist. Sehnsucht nach Heil-Sein, nach erlöstem Leben.
Ich gewöhnte mich an das Gebet.

Die erste Leidenschaft verglühte, bis mich die Wirklichkeit wieder einholte: Ohne Dein Wirken ist es nichts mit dem Menschen …

Zunehmende Selbst- und Gotteserkenntnis führte mich an die eigene Bedürftigkeit, an die Wurzeln innerer Not und Ungeborgenheit, in das Erdreich, in dem der Heilige Geist bereits die Spuren zur Umkehr gegraben hat.

Da fing ich an zu ahnen: Er ist da.

Er wartet auf mich, auf meinen freien Anruf und erweckt doch zugleich die Sehnsucht nach Ihm neu und tiefgreifender.

Er will meinen Blick von mir und meiner Verhaftung an das falsche Ich lösen und ihn ausrichten auf Ihn, den Vater der Armen, den Spender der Gaben, dem Licht meines Herzens.

Es ist nicht Sein Anliegen, mich meines nüchternen Alltags zu entheben, in den Raum romantischer Illusionen – irgendwann enttarnte sich diese geheime Erwartung.

In dieser treuen Hinwendung im Gebet lässt der Heilige Geist mein Verlangen vielmehr nach Seiner liebenden und schöpferischen Hilfe wachsen.

Er will, dass ich Ihn gegenwärtig weiß in den täglichen Herausforderungen, in unruhigen und grenzüberschreitenden Stunden, in meiner Ohnmacht und Verzagtheit.

Und ich stehe jeden Morgen neu vor Ihm mit den vielen blinden Flecken in meinen Augen, mit den Wunden und Verwüstungen meiner Vergangenheit, mit dem unbeugsamen Eigenwillen, mit den eingefrorenen Gefühlen, mit all den inneren ausgetretenen Pfaden, auf denen ich mich so gerne der Wahrheit entziehe, und bitte Ihn im Vertrauen um Seine wandelnde Kraft in meinem Sein und Tun.

Wenn sich meinem Bewusstsein seine spürbare Hilfe auch oft entzieht, wenn die Hoffnung auf Sein Kommen auch manchmal hinter die Wolken des Zweifels gerät, wenn das Vertrauen eher einem Rinnsal gleicht … Eins will ich unermüdlich tun: die Sehnsucht nach dem besten Freund wach halten. Eines Tages wird Er kommen und mit Ihm die Freude. Halleluja.

Komm, o Geist der Heiligkeit,
aus des Himmels Herrlichkeit
sende deines Lichtes Strahl!

Vater aller Armen du,
aller Herzen Licht und Ruh,
komm, du süßer Seelenfreund.

In Ermüdung schenke Ruh,
in der Glut auch Kühlung zu,
tröste den, der trostlos weint.

O du Licht der Seligkeit,
mach dir unser Herz bereit,
dring in unsre Seelen ein.

Ohne dein lebendig Wehn
nichts im Menschen kann bestehn,
nichts ohn Fehl und Makel sein.

Wasche, was beflecket ist,
heile, was verwundet ist,
tränke, was da dürre steht.

Beuge, was verhärtet ist,
wärme, was erkaltet ist,
lenke, was da irre geht.

Heiliger Geist, wir bitten dich,
gib uns allen gnädiglich
deiner sieben Gaben Kraft.

Gib Verdienst in dieser Zeit
und dereinst die Seligkeit
nach vollbrachter Wanderschaft. Amen

PFINGSTSEQUENZ II

ie Pfingstsequenz ist ein Lobgesang auf den Heiligen Geist und für mich ein Ruf, daß er unser ganzes Leben durchdringen möge. Der Geist selbst ist ja die Gabe, die alle anderen in sich birgt; ihm möchte ich mich öffnen.

In diesem Gesang finde ich alle unsere Grundanliegen genannt. Ich habe bei den einzelnen Bitten bestimmte Anliegen und Menschen im Blick und kann doch Gott im Vertrauen alles überlassen, denn er WEISS.

Wie es im Römerbrief heißt: „ ... der Geist nimmt sich unserer Schwachheit an. Denn wir wissen nicht, worum wir in rechter Weise beten sollen; der Geist selber tritt jedoch für uns ein mit Seufzen, das wir nicht in Worte fassen können. Und Gott, der die Herzen erforscht, weiß, was die Absicht des Geistes ist: Er tritt so, wie Gott es will, für die Heiligen ein." (Röm 8,26–27)

Manchmal werde ich tief ins Gebet geführt und spüre, daß es ankommt.

In konkreten Situationen füge ich noch eigene Bitten in dieser gleichen, litaneiartigen Form hinzu. Da es ein einfaches Gebet ist, begleiten mich einzelne Verse auch über Tag bei der Arbeit.

Vater unser im Himmel,
geheiligt werde dein Name.
Dein Reich komme.
Dein Wille geschehe, wie im Himmel so auf Erden.
Unser tägliches Brot gib uns heute.
Und vergib uns unsere Schuld,
wie auch wir vergeben unseren Schuldigern.
Und führe uns nicht in Versuchung,
sondern erlöse uns von dem Bösen.

Denn dein ist das Reich und die Kraft und die Herrlichkeit in Ewigkeit. Amen.

VATER UNSER

bba – lieber Vater Du. Deine Herrschaft ist Liebe. Ich habe für mich die Gewissheit, das unendlich, von Güte umsorgte Kind meines himmlischen Vaters zu sein. Du guter Gott, Du sollst groß herauskommen. Du sollst gelobt und gepriesen werden. Du sollst bejubelt werden. Abba, mach Dich heil, heilig groß. Abba, Dein Wille möge so, wie er in deinem vollendeten Reich des Himmels ist, sich auch bei uns auf Erden verwirklichen; das wie ein Senfkorn große „Reich Gottes", es soll sich mitten unter uns verwirklichen. Unser Brot, das Notwendige, gib uns heute. Aber gib uns nur so viel, dass es uns nicht den Blick auf das Wort aus deinem Mund verstellt. Das Brot für die Seele. Abba, erlass uns unsere Schulden bei Dir, die Liebesschulden, so wie auch wir untereinander unsere Schulden erlassen. Abba, das Böse bei mir und bei allen Menschen entsteht dadurch, dass ich, dass wir eine höhere Mitte – und dass bist Du – eigentlich nicht respektieren und uns selbst zum Mittelpunkt machen und zum Maß aller Dinge. Abba, entreiß uns dem Bösen. Du Abba des Jesus, unseres Erlösers und Freundes. Du Gott von Ich und Du, bei Dir ist die Kraft zu holen, die Macht des Bösen, woher

sie immer auch sei, zu überwinden. Und durch ihn bekommt alles, was zu unserem Leben gehört, Herrlichkeit. Lass uns nicht zurückfallen in ein Leben ohne Dich. Und lass uns nicht in Versuchung geraten, sondern entreiß uns dem Bösen, denn Dein ist das Reich und die Kraft und die Herrlichkeit in Ewigkeit. Ja, es geht um eine lebendige Beziehung, so als ob ich zu ihm aufschaue oder ihm gegenüber säße und zu ihm spräche. Und was da aufgezählt wird an Bitte, ist das, was jeder Mensch im Verhältnis zu Gott und zu allen braucht.

Ich glaube an einen guten Gott, der gerne gibt und auch verzeiht. Daher hoffe ich, dass ich, wir auch in so einer Haltung zum Nächsten komme, kommen.

Der Text entstand beim Hören und der gedanklichen Fortführung eines Vortrags von Henry Boulad.

König des Himmels,
Tröster,
Geist der Wahrheit,
allgegenwärtig und alles erfüllend,
Schatz des Guten und Führer des Lebens:
Komm und wohne in uns,
reinige uns von allen Fehlern
und rette, Gütiger, unsere Seelen.

KÖNIG DES HIMMELS

D

as Gebet „König des Himmels" gehört zu den Eröffnungsgebeten des griechisch-orthodoxen Stundengebets, das heißt, es wird in dieser Tradition am Anfang jeder Gebetszeit zusammen mit anderen Gebeten von einem Vorbeter laut gesprochen. Diese Eröffnung, die aus mehreren immer gleichen Gebeten besteht, soll alle Anwesenden auf den Gottesdienst einstimmen, so daß man wirklich wach und bewußt vor Gott steht, ehe die wechselnden Psalmen und Gebete beginnen.

Das Thema des inneren Wachseins ist Jesus ein wichtiges Anliegen gewesen, und er versucht, seine Jünger sowie größere Gruppen von Zuhörern immer wieder in Gleichnissen und direkten Ermahnungen darauf aufmerksam zu machen. Ich glaube, jeder kennt die Erfahrung, daß ein Tag oder eine Woche oder noch längere Zeitabschnitte vorüber sind, und man fragt sich, wo die Zeit geblieben ist – so ist das Leben natürlich nicht gedacht.

In dem Gebet „König des Himmels" wende ich mich an den Heiligen Geist, daß er diese innere Vernebelung aufhebt: wo mich Traurigkeit blockiert, kommt er als

Tröster; wo ich unsinnigen Ideen folge, hilft er als Geist der Wahrheit; wo mir eine Zielperspektive fehlt, bietet er mir seinen Schatz des Guten und seine Führung an. Er kommt und wohnt in mir, so daß ich das Leben, das in mir steckt, zusammen mit ihm besser entfalten kann.

Mir gefällt an diesem Gebet seine Offenheit: es spricht keine konkreten Anliegen an und wirkt deswegen für ganz unterschiedliche Situationen passend. Je nachdem, was mich gerade beschäftigt, leuchten andere mögliche Bedeutungen von „Wahrheit" oder „Reinigung" oder „Rettung" auf. Das spricht mich sehr an. Ich persönlich spreche dieses Gebet nicht vor den Gebetszeiten, sondern ehe ich zu arbeiten beginne: damit das, was ich tue – egal, was es an dem Tag gerade ist – etwas Gutes für mich und für andere bewirkt.

AMEN

amen

VON DER MITTE

AMEN

men ist ein sehr kurzes Wort. Es kommt einem sehr leicht und schnell über die Lippen. Und doch ist das, was da ausgesagt wird von entscheidender Bedeutung. Amen heißt: JA! Ich bin einverstanden. Ich stimme zu.

Man kennt, etwa aus Filmen über Martin Luther King, den Brauch mancher afroamerikanischer Gemeinden, mitten in einer Predigt AMEN zu rufen, wenn der Prediger etwas sagt, was einem am Herzen liegt. Das, wovon das Herz voll ist, darf sich in diesem Wort kundtun – JA, oh JA, damit bin ich ganz einverstanden. Oh, JA, das ist wirklich wahr! Oh JA. Das wünsche ich mir von Herzen auch.

Und doch ist es oft so, dass dieses Wort nur als leere Formel ausgesprochen wird, als eben der Teil, der mir zukommt. In der Kirche gibt es so viele Gebete. Die eigenen Gedanken schweifen. Eine so einfache Antwort wie AMEN braucht nicht im Buch gefunden werden. Das weiß man von allein. Deswegen rutscht es so leicht heraus, ohne einen eigenen Gedanken.

Es gibt manchmal Gelegenheiten, wo dieses AMEN ganz bewusst Gewicht bekommt.

Im Kloster, wenn wir das Ordenskleid überreicht bekommen, gibt es eine Reihe von Aussagen, wo die Kandidatin allein

das Wort AMEN hinzufügt. Das sind Aussagen über die Bereitschaft, Christus in Liebe nachzufolgen. Indem ich in so einer Situation ganz bewusst allein mein Amen gesagt habe, wurde mir klar, welche Kraft dieses Wort hat. Und ich war froh, dass am Schluss, wo es heißt: „Das, was der Herr in Dir begonnen hat, das möge er auch vollenden", das AMEN von ALLEN gesprochen wurde.

Beim Gottesdienst in der Kirche haben die Gläubigen oft das Wort AMEN aus-zusprechen. Wir tun es gemeinsam. Als versammelte Gemeinde tun wir dies, im Wissen, dass wir von Gott als „ecclesia", als Gottes Volk gemeinsam zu IHM unter-wegs sind. Mein JA wird benötigt. Aber ich stehe nicht allein in meiner schwachen Bereitschaft. Ich darf mich mittragen lassen von dem Enthusiasmus der Jüngeren und von der bewährten Treue der Alten. Meine Zustimmung wird benötigt, weil die Liebe nur frei gegeben werden kann. Aber ich werde nie überfordert. Nur diese Zu-stimmung, nur dieses kleine Wort, wird von mir erbeten. Manchmal schweige ich. Manchmal habe ich das Bedürfnis, mich dieser Freiheit vergewissern zu müssen. Aber die Freude liegt nicht darin. Die Freude liegt in einem JA und AMEN, das von Herzen kommt, das ein Ausdruck des Vertrauens ist, ein Ausdruck der Dankbarkeit und der inneren Zustimmung.

Es gibt Vertonungen dieses AMEN. Eine, die mir sehr am Herzen liegt, wird am Ende des Hochgebetes in der Eucharistiefeier angestimmt und kann auch mehrstim-mig gesungen werden. Es sind dreimal AMEN, jedes mal gesteigert. In meinen Oh-ren klingt dieses AMEN von Chören gesungen, ein großer Jubel in Dankbarkeit für das Geschenk der Liebe Gottes in Jesus Christus. Möge Gott mein oft verzagtes Herz in dieses AMEN seiner Kirche hineinnehmen.

LITERATUR

Zu Gott, dem Vater, dem Sohn und dem Heiligen Geist

„Wir preisen dich,
allmächtiger Gott und Herr des Erbarmens;
immerfort bist du für uns am Werk
und tust große, unerforschliche und
herrliche Dinge.
Du sendest uns den Schlaf,
um uns in unserer Schwachheit zu
stärken
und die Müdigkeit von unserem
geplagten Leib zu nehmen.
Wir danken dir, dass du uns
wegen unseres Ungehorsams
nicht hast umkommen lassen,
sondern uns mit unaussprechlicher
Liebe an dich ziehst.

Während wir der Trägheit verfallen,
weckst du uns zum Lobpreis deiner
Macht.
Deshalb berufen wir uns auf deine Güte:
Öffne uns die Augen des Geistes,
und erwecke unseren matten Verstand
aus dem tiefen Schlaf der Lauheit.
Unser Mund soll dich loben,
und ohne Unterlass wollen wir dich
preisen, rühmen und bekennen.
Gott, in allem und vor allen wirst du
verherrlicht.
Vater von Ewigkeit her,
in der Gemeinschaft mit deinem eingeborenen Sohn
und mit deinem Heiligen Geist,
der gütig ist und Leben spendet,
jetzt und allezeit und in alle Ewigkeit,
Amen.“

BASILIUS VON CAESAREA

D ieses Gebet ist uns überliefert von Basilius von Caesarea. Basilius gehört zu den großen Theologen der Alten Kirche, die die Kirche durch ihren Glauben und ihre Schriften geprägt haben. Wenn ich dieses Gebet bete, dann füge ich mich ein in den großen Lobpreis, den die Christen seit vielen Jahrhunderten Gott, dem Vater, dem Sohn und dem Heiligen Geist dargebracht haben. Ich füge mich ein in den großen Strom des Dankes für all die Gaben, die Gott uns jeden Tag schenkt.

Gott ist immerfort für uns am Werk. Er tut große, unerforschliche und herrliche Dinge. Da ist die Schöpfung, in der ich die Großtaten Gottes bewundern kann. Aber da ist auch mein Leben. Auch da ist er am Werk. Ich kann es lernen, auf mein Leben zu schauen, um die Spuren Gottes jeden Tag zu entdecken. Dieses Gebet kann uns lehren, dass Gott Liebe ist, dass er uns in unendlicher Liebe gegenwärtig ist und uns liebt.

Gott selbst weckt uns zum Lobpreis seiner Macht. Wir bitten ihn, uns die Augen zu öffnen, unseren matten Verstand aus dem Schlaf der Lauheit zu erheben. Vor allem ist es dies, dass wir unseren Mund öffnen zum ununterbrochenen Lobpreis, denn Gott ist groß und überaus herrlich. Ja, ihn wollen wir preisen in allem und vor allem, um ihn zu verherrlichen. Das Lob Gottes, das neue Lied der Erlösung, ist nicht nur eine Bewegung, die von uns aus zu Gott emporsteigt. Es ist immer zuerst die Zuneigung Gottes, die uns erreicht.

Dieses Gebet will uns gewissermaßen an die Hand nehmen, um selbst Worte zu finden, mit denen ich Gott loben und preisen kann. Es kann mich auch inspirieren, wenn ich am Abend auf den Tag zurückschaue, um zu danken für alles, was mir an diesem Tag geschenkt worden ist. Dieses Gebet kann mich bewegen, auch tagsüber die Augen zu öffnen, um die Werke der Schöpfung zu sehen, um ihm, unserem Schöpfer dafür zu danken.

Dieses Gebet kann auch unseren Glauben wecken, dass Gott existiert, dass er nicht der ferne Gott ist, sondern dass er gegenwärtig ist in meinem Leben. Wenn wir so zu Gott, unserem Vater, beten, wenn wir aufschauen zu Jesus Christus, seinem Sohn, und wenn wir bewegt werden durch den Heiligen Geist, dann werden wir hineingenommen in das Geheimnis unseres Gottes. Wir werden auch hineingenommen in die Glaubensgemeinschaft der Kirche.

Auf, du kleiner Mensch, flieh ein wenig
deine Geschäftigkeit, und versteck dich
eine kleine Weile vor deinen lauten Gedanken! Wirf die Sorgen ab, die auf dir
lasten, und lass deine Zerstreuungen!
Gönne dir Zeit für Gott, komm bei ihm
zur Ruhe!
Geh in das Kämmerlein deines Herzens;
schließ alles aus außer Gott und dem,
was dir hilft, ihn zu suchen! Schließ die
Tür zu, und suche ihn! Dann, mein ganzes Herz, sprich zu Gott: Ich suche dein
Angesicht. *„Dein Angesicht, Herr, will
ich suchen." (Ps 27,8).*
*Nun, mein Herr und mein Gott, lehre du
mein Herz, wo und wie es dich suchen,
wo und wie es dich finden kann.*

Anselm von Canterbury, Proslogion

Vigil, letzte Gebetzeit des Tages, noch
eine Lesung und ein Vaterunser, und
dann ist auch dieses Tagewerk vollbracht
und wir sind in die Ruhe und Stille der
Nacht entlassen.

ANSELM VON CANTERBURY

nselm von Canterbury – das ist doch der mit dem Gottesbeweis? Wie war das noch mal – Gott als der, über den hinaus nichts Größeres gedacht werden kann oder so ähnlich?

Auf, du kleiner Mensch – Halt, stopp, da werde ich ja angesprochen: Auf du kleiner, schwacher Mensch – homuncio steht im Lateinischen, „Menschlein" – fast liebevoll und zugleich mit einem direkten, (auf-) fordernden Ruf werde ich aus meinen müden und doch nicht zur Ruhe kommenden Gedanken geweckt.

Flieh ein wenig deiner Geschäftigkeit und verstecke dich eine kleine Weile vor deinen lauten Gedanken! Wirf die Sorgen ab, die auf dir lasten, und lass deine Zerstreuungen! Geschäftigkeit, laute Gedanken, Sorgen, Zerstreuungen – wie sehr gehört das alles zu meinem Alltag, zum Alltag des Menschen, und so ganz verkehrt ist es ja auch nicht. Doch genau davor soll, nein darf ich wirklich fliehen, soll, darf es abwerfen, sein lassen?

Ein wenig, eine kleine Weile – ja genau, darum geht es! Gönne Dir Zeit für Gott, komm bei ihm zur Ruhe! Sei ein wenig frei für Gott und ruhe eine Weile in ihm – so lautet eine wörtlichere Übersetzung.

Gönnen – das klingt für unsere Ohren heute nach Luxus, nach einem „Zuckerle", einer Belohnung nach getaner Arbeit, es hat etwas Verlockendes, nicht Selbstverständliches an sich, etwas, das man sich nehmen muss. Doch es geht nicht darum, sich irgendeine Sache, eine Unternehmung, einen Zeitvertreib, eine Ablenkung zu „gönnen".

Nein, es geht um mehr, es geht um Gott, für den ich mir Zeit gönnen, für den ich frei sein soll und darf, in dem ich jenseits aller Geschäftigkeit und Sorge ruhen darf und bei dem ich zur Ruhe komme.

Geh in das Kämmerlein deines Herzens/ Geistes; schließ alles aus außer Gott und dem, was dir hilft, ihn zu suchen! Schließe die Tür zu und suche ihn.

„Frei sein für Gott" – der Ort, an dem das möglich sein soll, sein kann, ist in mir: in meinem Herzen, in meinem Geist; ich muss diesen nur bewusst aufsuchen, ihn frei halten von allem, was mich hindert, Gott zu suchen. Zweimal hintereinander werde ich aufgefordert, auszuschließen bzw. zuzuschließen; das ist gut vorstellbar: ein Raum, den ich bewusst betrete, aus dem ich dann ausräume, was nicht hineingehört, und dessen Tür ich anschließend zumache. Jenseits der Tür ist alles andere – diesseits der Tür bin nur ich – und das Eine: meine Gottsuche.

Dann mein ganzes Herz, sprich zu Gott: Ich suche dein Angesicht. „Dein Angesicht, Herr, will ich suchen." Dort kann ich mich mit ganzem Herzen an Gott wenden, an Gott, der da ist, der aber nicht ein ferner, abstrakter Gott ist und sein möchte, sondern ein Gott, mit einem Angesicht. In das Angesicht eines anderen schauen: das setzt Vertrauen, Nähe voraus, das schafft Vertrauen und Nähe, das läßt einander erkennen und annehmen, das geht nicht immer von jetzt auf gleich, beginnt vielleicht mit einem scheuen Blick, mit einem leisen Gewahr-Werden, das mich jemand anschaut, sich nach einem Blick meinerseits sehnt.

In das Angesicht Gottes schauen ist etwas, worum ich bitten kann; ich tue das für mich, mit meinem Herzen, mit meinen Fragen und Sehnsüchten; ich tue das aber auch mit Worten, die Menschen zu allen Zeiten gebraucht haben (Ps 27,8), lange vor Anselm, ja lange vor Christi Geburt, lange nach Anselm und wohl auch noch lange nach mir – mit Worten, die der Sehnsucht Raum geben, zu allen Zeiten; mit Worten, in denen Menschen sich finden und Gott suchen können.

Nun mein Herr und Gott, lehre Du mein Herz, wo und wie es dich suchen, wo und wie es dich finden kann. Doch nicht ich und meine Vorstellung, eine aus mir kommende Suchbewegung – sei sie nun unsicher, verzagt, zweifelnd, verzweifelt, ängstlich oder sehnsuchtsvoll, sicher, liebend, erwartungsvoll – oder mein mich in die Gemeinschaft der Gottsuchenden aller Zeiten Einreihen, sondern es ist

Gott selbst, der mein Herz lehren soll und will, wo und wie er sich suchen, wo und wie er sich finden läßt. Ich darf und soll meiner Suchbewegung trauen, darf und soll ihr nachspüren, darf und soll ihr Raum und Zeit geben, doch ich darf und soll auch vertrauen, darf und soll darum bitten und erwarten, dass Gott selber mich noch auf ganz anderen Wegen zu ihm führen wird, mein Herz auf ganz andere Weise berührt und ausrichtet.

Auf, du kleiner Mensch, flieh ein wenig deiner Geschäftigkeit und verstecke dich eine kleine Weile vor deinen lauten Gedanken! – *Jetzt und hier?! Das wäre doch einen Versuch wert?!*

„O Gott-Liebe, wie gegenwärtig bist du denen, die dich suchen, wie süß, wie liebenswürdig denen, die zu dir kommen und dich finden. O, wenn du nun vor mir ausbreiten würdest dein bewundernswertes Alphabet, auf dass mein Herz, mit dir gemeinsam, sich unterziehe einem einzigen Studium. Sagen sollst du mir nun in lebendiger Erfahrung, was das ist oder welcher Art es sei: das Alpha deiner schönen Liebe und Neigung, das glorreich die erste Stelle einnimmt. Auch verheimliche mir nicht, was reiche Fülle gibt allen Generationen: das Beta deiner kaiserlichen Weisheit, das uns Frucht bringt. Mit dem Finger deines Geisthauchs zeige mir mit lieber Sorgfalt und mit Bild und Siegelzeichen einzeln jeden Buchstaben deiner innigen Liebe: auf dass ich – deine süßen Gaben schon bis zum Mark vorkostend – diese Buchstaben in Wahrheit mit des Herzens reinem Auge ausforsche und durchleuchte, sie erlerne, sie wisse und sie voll und ganz, soweit es hier in diesem Leben sein darf, neu vertieft erkenne: diese Buchstaben deiner innigen Liebe. Lehre mich im Zusammenwirken mit deinem Geisthauch das Tau, das Zeichen höchster Vollkommenheit, und führe mich hin zum Omega voller Vollendung. Mach, dass ich in diesem Leben deine Schrift, die voll von inniger Liebe und Neigung, so vollkommen erlerne, dass in mir kein einziges Jota leer bleibt und nicht erfüllt ist von deiner innigen Liebe. Daher mag ich auch erdulden den Aufschub, bis du, o Gott-Liebe, süße Liebe mein, zu dir mich wirst berufen haben, ich dich selbst in dir selbst werde ohne Unterlass betrachen. Amen, so geschehe es.“

Gertrud von Helfta

GERTRUD VON HELFTA

Dieses Gebet ist uns überliefert von Gertrud von Helfta. Gertrud hat im 13. Jahrhundert im Kloster Helfta gelebt und sie hat Schriften verfasst, die uns bis heute Kunde geben von der unendlichen Liebe Gottes.

So wird es verständlich, dass Gertrud das Gebet beginnt mit der Anrede: „O Gott-Liebe". In der lateinischen Sprache, in der Gertrud schreibt, heißt es: „O amor Deus." Schon in dieser Anrede will Gertrud kundtun, dass Gott innige Liebe ist und dass er den Menschen in dieser Liebe gegenwärtig ist. So kann Gertrud sagen: „O Gott-Liebe, wie gegenwärtig bist du denen, die dich suchen, wie süß, wie liebenswürdig denen, die zu dir kommen und dich finden." Gertrud ist überzeugt davon, dass Gott nicht der ferne Gott ist, dem wir gleichgültig sind, sondern er

ist uns nahe, er ist gegenwärtig in seiner unendlichen Liebe. Gertrud gebraucht dafür Bilder, um diese Liebe auszudrücken. Es sind Bilder des Lebens, in denen sie uns die Liebe Gottes buchstabieren will. Darum wählt sie das Bild vom bewundernswerten Alphabet, in dem Gott uns seine Liebe offenbart. Es ist die Heilige Schrift, das Wort Gottes. Darum sagt sie weiter in ihrem Gebet: „Mit dem Finger deines Geisthauchs zeige mir mit lieber Sorgfalt und mit Bild und Siegelzeichen einzeln jeden Buchstaben deiner innigen Liebe." Die Bibel ist der kostbare Schatz, den Gott uns anvertraut hat, um uns seine Liebe zu offenbaren. Wir sind angewiesen auf die Hilfe des Heiligen Geistes, um jeden Buchstaben zu studieren, zu meditieren, ihn ganz in uns aufzunehmen als die kostbare Gabe, die

zum Leben führt. Darum ist es wichtig, immer wieder die Bibel in die Hand zu nehmen, um die vielen Geschichten, in denen Gott uns seine Heilsbotschaft kundtut, zu lesen. Schon im Alten Testament kündet Gott das Heil an, das er uns schenken will. Und in der Botschaft Jesu wird uns verkündet, dass das Reich Gottes schon gekommen ist, dass es bereits mitten unter uns anwesend ist.

So bittet Gertrud weiter: „Mach, dass ich in diesem Leben deine Schrift, die voll von inniger Liebe und Neigung, so vollkommen erlerne, dass in mir kein Jota leer bleibt und nicht erfüllt ist von deiner inniger Liebe." Gertrud ist überzeugt davon, dass jeder diese Heilige Schrift in die Hand nehmen kann, um darin zu entdecken, wie Gott sich auch mir offenbaren will, wie er in diesem „Buch des Lebens" auch mir seine Liebe zeigen will. Gott verkündet uns nicht eine leere Theorie, sondern er verkündet uns Leben. Er will uns kundtun, dass Gott uns seinen Sohn gesandt hat, damit er uns verkünde, was Gott für uns tut. Dieser Gott ist als kleines, wehrloses Kind zu uns gekommen. Er will uns nicht seine Macht demonstrieren, sondern seine wehrlose Liebe, in der er sich offenbart.

Gertrud möchte helfen, die Schrift so zu meditieren, dass nicht ein Jota leer bleibt und nicht erfüllt ist von der inniger Liebe Gottes. Gertrud hat ein hohes Verständnis von der Bibel. Die Bibel ist der kostbare Schatz, den Gott uns anvertraut hat. Darin ist die Weisung für unser Leben enthalten. Die Mystiker aller Zeiten verkünden uns, dass die Mitte dieser Botschaft die innige Liebe ist, mit der Gott uns liebt.

Wenn ich mich von diesem Gebet tragen lasse, dann wird mir vielleicht bewusst, dass die Heilige Schrift auch für mich verfasst ist, damit auch ich darin entdecke, wie Gott auch mir gegenwärtig ist und mich liebt. Und daraus wiederum kann eine große Dankbarkeit erwachsen. Ich stehe in diesem Leben nicht allein mit meinen Fragen und Sorgen. Gott ist mit mir. Er hat mir in der Bibel gewissermaßen einen Liebesbrief geschrieben. In diesem Brief kann ich jeden Tag neu entdecken, wie groß die Liebe Gottes ist. Gertrud von Helfta ist eine lebendige Zeugin, dass dieser Gott unendliche Liebe ist.

JOHANNES TAULER

Wenn der Mensch in der Übung
der inneren Einkehr steht,
hat das menschliche Ich für sich
selbst nichts.
Das Ich hätte gerne etwas,
und es wüßte gerne etwas,
und es wollte gerne etwas.
Bis dieses dreifache „etwas" in ihm
stirbt,
kommt es den Menschen gar sauer
an.
Das geht nicht an einem Tag
und auch nicht in kurzer Zeit.
Sondern man muss sich hinein-
zwängen
und sich daran gewöhnen mit emsi-
gem Fleiß.
Man muss dabei aushalten,
dann wird es zuletzt leicht und
lustvoll.

Johannes Tauler

Christus, am Anfang der Suche nach Dir hat mich ein Wort erreicht. Ich spüre eine Sehnsucht, eine Ahnung, eine Hoffnung nach Berührung und Nähe.

Ich möchte lernen, von mir wegzuschauen, mich wirklich verlieren zu können – dieser Wunsch wächst. Mir macht es auch Angst, wenn das Gehaltensein sich verliert und mein Menschsein in der Antwort auf seine Sehnsucht darbt.

Ich entdecke mich mit all dem Haben- und Wissen-wollen. Dieses Erleben, dass mir menschlich nichts mehr bleibt, schmerzt – lässt mich jedoch auch nicht mehr los. Nicht mehr los von Dir?

Alles, was mein Leben ausmacht, darf sein bei Dir! – Es streikt in mir, eine Frage treibt mich um, was da alles auf der Strecke bleiben muss, ein „ich will nicht". Muss ich mich entscheiden – scheiden von ...

Bleibe, halte durch, ohne davonzulaufen.

Ich will es tun, bleiben, aushalten, durchleben – immer wieder.

Dein Anwesendsein aushalten – ohne innerlich wegzulaufen – mit Dir und für Viele – bis das Herz weit wird.

Die kostbare Perle liegt tief verborgen,
tauche wie ein Perlenfischer,
meine Seele!
Steig noch einmal hinab,
noch tiefer und suche!
Vielleicht findest Du beim erstenmal
noch nichts.

Wie ein Perlenfischer halte durch,
meine Seele,
immer wieder halte aus,
ohne müde zu werden,
tauche tiefer, immer tiefer und suche!

Die das Geheimnis nicht kennen,
werden sich lustig machen über dich.
Das wird dich sehr traurig stimmen,
aber verliere nicht den Mut,
Perlenfischer, meine Seele!

Die kostbare Perle liegt tief verborgen,
verborgen ganz in der Tiefe.
Dein Glaube wird Dir helfen,
den Schatz zu finden,
und Er ist es, der endlich das verborgene
ans Licht bringen wird.

Tauche tiefer, tauche tiefer noch wie ein
Perlenfischer, meine Seele,
und suche, suche ohne zu ermüden.

DIE PERLENFISCHER

Christus, wie soll ich Dich suchen im Gestrüpp des Alltages,
nicht nur bei dem, was dem Auge schmeichelt, dem schön Anzusehenden?
Wie, bei all dem, wo ich lieber wegsehen möchte bei mir und den anderen?
Heute, vom Gedankenwind wieder durchgeschüttelt, schwerhörig und fragend
nach einem Wort.
Hilf mir, meine Gedanken zu sammeln, mich auszurichten!
In all meinem Suchen lässt Du mich immer leerer werden,
bis ich mich von neuem von Dir finden lasse – schweigend –
Nichts und doch Alles.

ZUM ENDE

LIEVE VROUWKE

Lieve Vrouwke,
ik kom niet om te bidden,
maar am een poos bij U te zijn,
ik heb U niets te geven,
niets te vragen,
't is het toch
ik bezit alleen de grote vreugde,
dat ik U bekijken mag.

Liebe Frau,
ich komme, nicht um zu beten,
ich komme, nur um eine Weile
bei Dir zu sein,
ich habe Dir nichts zu geben,
nichts zu fragen,
es ist doch allein meine große Freude,
dass ich dich anschauen mag.

Mère de Jésus-Christ, je ne viens pas
prier.
Je n'ai rien à offrir et rien à demander.
Je viens seulement, Mère, pour vous
regarder.

Paul Claudel, La vierge à midi

Diese Worte entstammen einem belgischen Marienlied. Seit vielen Jahren begleitet mich diese eine Strophe. Die Aussage habe ich in keinem anderen Marienlied gefunden – auch nicht in deutschen Marienliedern oder Gebeten.
Zutiefst spricht es mich immer wieder neu an.
Erst jetzt entdecke ich, dass diese Worte einem Text von Paul Claudel entsprechen.

Herr, öffne mir die Augen,
mache meinen Blick weit und mein Interesse,
damit ich sehen kann, was ich noch nicht erkenne.
Herr, öffne mir die Ohren,
mache mich hellhörig und aufmerksam,
damit ich hören kann, was ich noch nicht verstehe.
Herr, schenke mir ein großmütiges Herz,
dass sich deinem Wort und deiner Treue überlässt,
und zu tun wagt, was es noch nicht getan hat.
Herr, ich weiß, dass ich nur lebe,
wenn ich mich von dir rufen und verwandeln lasse.

rgendwann, noch vor meinem Eintritt ins Kloster, habe ich in unserer Pfarrgemeinde während der Fastenzeit angeleitete „Exerzitien im Alltag" mitgemacht. Dort bin ich auf dieses Gebet von Willi Lambert SJ gestoßen (worden) und seitdem begleitet es mich Tag für Tag. In den 40 Tagen vor Ostern habe ich es halt gebetet, weil es hieß, es sei gut, zu Beginn einer Gebetszeit einen festen Ritus zu haben. Nach diesen „Exerzitien im Alltag" habe ich es weiter jeden Morgen gebetet, ohne eigentlich zu ahnen, was es bewirkt und welche Bedeutung es hat. Man könnte sagen, ich bin im Laufe der Zeit hineingewachsen. Oder andersherum, dieses Gebet ist in mich hineingewachsen, ist mir zuinnerst geworden.

Wir sehen und hören und nehmen so unsere Umwelt, unsere Mitmenschen, uns selbst und Gott wahr. Sehen und hö-

HERR, ÖFFNE MIR DIE AUGEN

ren ermöglichen Begegnung und Dialog. Hier aber geht es nicht um ein „mehr" an Sehen und Hören, nicht um ein additives Ansammeln einer Menge von „Gesehenem" und „Gehörtem", sondern um die Sehnsucht nach Tiefe. Dieses Gebet unterscheidet zwischen Sehen und Erkennen, zwischen Hören und Verstehen. Das heißt, nicht alles, was wir mit den Augen sehen, erkennen wir schon. Ebenso: nicht alles, was an unsere Ohren dringt, verstehen wir, auch wenn die akustischen Signale einwandfrei waren. Es geht hier um tiefere Ebenen des Sehens und Hörens. Erkennen und Verstehen hat mit unserem Innersten zu tun, mit unserm innersten Menschsein. So, wie wir sind, wie wir geschaffen, gewachsen und geworden sind, so sehen und hören wir, so messen wir dem Gesehenen und Gehörten Bedeutung bei. Diesen „eingefleischten" Blickwinkel können wir aus eigener Kraft nicht verlassen, es ist unser Blick auf die Welt.

Das Gebet aber beginnt mit dem Wort „Herr" und schließt dann Bitten an: öffne, schenke, rufe und verwandle. Die erste Ebene der Bitte gilt der Schärfung von Blick und Gehör, dass Gott uns die Richtung, den Fokus zeige, in dem wir dann die wesentlichen Dinge erkennen und verstehen können: Herr, auf was sollen wir hören, schauen? Eine notwendige Bitte in den Geräuschkulissen und Bilderfluten, die uns ständig umgeben. Das äußerliche Sehen und Hören übernehmen die Organe von alleine, das innere Erkennen und Verstehen schenkt der Herr. Wer so betet, weiß um die menschliche Begrenztheit, weiß, dass es nicht ausreicht, sich ein bisschen anzustrengen und dann werde ich schon erkennen und verstehen. Nach seinem Bilde hat er uns geschaffen, ihn dürfen wir um Hilfe anrufen: Sollte der nicht sehen, der das

Auge geformt hat, sollte der nicht hören, der das Ohr gepflanzt hat? (Ps 94, 9)

Die zweite Hälfte des Gebetes spricht schon aus der erfahrenen Begegnung heraus. Es kennt das eigene Herz als Ort der Gottesbegegnung. Gott ist nicht länger „nur" der Herr, er ist auch „Wort" und „Treue". Die Sehnsucht ist geweckt und die Ahnung, dass es da noch tiefer Verborgenes zu sehen und zu hören gibt, wenn ich nur wage, mich ihm zu überlassen. Die Ahnung wird zur Gewissheit, es geht nicht mehr um einmaliges Berührtwerden, es geht um einen Wachstumsprozess, um lebenslange Beziehung mit diesem Herrn. Er ruft mich in die Verwandlung, weil er mir nur so das wahre Leben schenken kann. Nicht weil er mich zu einem anderen, besseren Menschen machen will, sondern damit ich ganz die werden kann, als die er mich von jeher gedacht hat. Es geht um meine „Ich-werdung", um meine Menschwerdung.

Die Frage ist, bin ich bereit es geschehen zu lassen, auch wenn ich noch nicht erkenne und verstehe? Es braucht immer wieder einen beherzten und mutigen Sprung des Glaubens.

ZUM ENDE

Leg mein Gesicht frei, mach mich schön.
Wer mich entlarvt hat wird mich finden.
Ich hab Gesichter, mehr als zwei,
Augen, die tasten vor im Blinden,
Herzen aus Angst, die vor Angst vergehn.
Leg mein Gesicht frei, mach mich schön.

Leg mein Gesicht frei, mach mich schön.
Wer sich entlarvt sieht, wird gefunden
Und wird ganz neu sich selbst verstehn,
wird leben, offen, unumwunden
und nirgends hin verloren gehen.
Leg mein Gesicht frei, mach mich schön.

Huub Oosterhuis

VON DER MITTE

LEG MEIN GESICHT FREI

Dieses Gebet ist für mich Ausdruck meiner Sehnsucht, authentisch zu sein; mit der Schönheit gesegnet zu werden, die von Innen kommt; mich aus meinen Ängsten zu lösen, mich aus ihnen befreien zu lassen. Ja, es ist die Sehnsucht, mich ganz Gott und den Menschen zu öffnen – ohne Angst davor, verletzt zu werden, sobald ich meine verletzlichen Seiten; meine Schwachpunkte; meine unzulänglichen Seiten; meine Trauer … zeige, bzw. an die Oberfläche lasse.

Es ist ein Gebet, dass mir Mut macht, mich eben mit all dem, was mir unsympathisch an mir ist, auseinanderzusetzen, mich alldem zu stellen und mich damit vor Gott zu stellen, mich SEINEM liebenden Blick auszusetzen.

Ich denke dabei oft an ein Bild von Sieger Köder, das er zu Spr 14 gemalt hat. Es hat den Titel: „Der Mund kann lachen, wenn das Herz auch traurig ist" und stellt einen Clown dar, der seine lachende Maske auf dem Hinterkopf trägt und in Wirklichkeit ein trauriges, aber meines Erachtens schönes Gesicht hat. So ähnlich geht es mir oft, wenn ich versuche, nach außen nicht sichtbar werden zu lassen, wenn mich etwas traurig macht oder verletzt. Das ist sicher auch legitim, aber dennoch glaube ich,

dass ich das Gott gegenüber nicht nötig haben sollte. Und je mehr ich in die Freiheit hineinwachse, IHM mein wahres Gesicht zu zeigen, umso mehr werde ich diese Freiheit auch im Zusammenleben mit meinen Mitmenschen erfahren und leben.

Ich bin zutiefst davon überzeugt, dass es zum einen Wandel und zum anderen auch meinerseits eine andere annehmende und akzeptierende Sicht auf meine von mir ungeliebten Seiten bewirkt, wenn ich mich wirklich dem liebenden Blick Gottes aussetze. Unter SEINEM Blick kann ich auch Güte im Umgang mit mir selbst und daraus folgend mit meinen Mitmenschen lernen.

Ich brauche keine Angst mehr davor zu haben, mich selbst zu verlieren, wenn ich meine Gaben für andere einsetze und meine Liebe verschenke. Im Grunde gebe ich nur weiter, was ich selbst in überfließendem Maße erhalte.

In Sternstunden kann ich dann erleben, dass dieses zutiefst In-mir-Sein und Mit-mir-versöhnt-Sein mich so schön sein lässt, dass mir jemand sagt: „Du siehst aus, als wärest Du gerade dem Mann fürs Leben begegnet."

Das erfüllt mich mit Freude, Zuversicht und Dankbarkeit und der tiefen Sehnsucht, mich immer neu und immer tiefer darauf einzulassen, mein Gesicht von IHM freilegen zu lassen.

ICH bin es,
der dir entgegenwartet,
gerade dann,
wenn kein Mensch auf dich wartet.

ICH kenne deine Sehnsucht.
Sie schmerzt und brennt
wie eine offene Wunde.

ICH kenne deinen Hunger.
Kein Mensch kann ihn stillen.
Wenn du einsiehst,
dass nur das Meer meiner Liebe
der Maßlosigkeit deiner Sehnsucht
entsprechen kann,
dann:
Komm zu mir, der ICH dir

entgegenwarte.
Komm, auch ohne fromme Gefühle.
Komm, auch wenn es nur im dunklen,
trockenen Glauben geschieht,
im Glauben an meine Liebe.
Und du wirst erfahren:

In meinem Herzen findest du alle
Wärme und Zärtlichkeit und alles,
wonach dein Herz sich sehnt.
ICH möchte dich in deinem Innersten
umarmen.
Ich möchte Dich umarmen im tiefsten
Kern deines Wesens,
dort, wo kein Mensch dich berühren
kann.
Dort warte ICH dir entgegen.

ICH BIN ES, DER DIR ENTGEGENWARTET

Schwer, schwer ist die Suche nach Dir.

Gott, Du mein Gott, Dich suche ich, meine Seele dürstet nach Dir,
wie lechzendes Land ohne Wasser.
In der dunklen Nacht taste ich nach Dir, und meine Seele verirrt
und verfängt sich in dornigem Gestrüpp.
Meine Füße straucheln in wegloser Steinwüste. Hast Du mich hierher gelockt?
Ach, Du bist der Traum meiner Seele,
aber ich kann ja zu Dir nicht kommen.
All meine Tore sind verriegelt. Zu allen Bergen meiner Hoffnung
habe ich Dich getragen, aber das waren immer meine eigenen Gipfel.
Da bin ich hinabgestiegen zu den Wassern der Verzweiflung,
aber die gründen auch nicht tiefer als mein Herz.
Und immer bin ich nur in mir und habe keine Ruhe in meinen Kammern,
deren stillste ist noch ein einziger Schrei.
Eingeschlossen bin ich in mein ewiges Allein.
Daran sind meine Hände zerbrochen, meine Füße lahm geworden,
meinen Kopf habe ich mir ganz wund gestoßen, und alle Bilder meines Geistes
sind mir zu Schatten geworden.

Wie aber bist Du hineingekommen, Du Stimme meines Gottes,

wie kommt es, dass ich Dich höre, in mir, in mir?

Und Du sagst, in den Tiefen der Seele hausen nicht nur die Dämonen der Nacht, der Gier, des Hasses, da ist nicht bloß der Abgrund von Skepsis, der vernichtend alles verschlingt, nein da ist noch tiefer als all das, noch mächtiger als all das, der Heilige Geist, der Abgrund der Gottheit in den Abgründen deiner Seele.

Und Deine Stimme spricht: ICH BIN es, der dir entgegenwartet.

ICH BIN DER ICH BIN DA, des Schöpfungsmorgens, des brennenden Dornbusches.

Ich bin, der ich bin. Wo du bist, da bin ich. ICH BIN ES, fürchte dich nicht.

Ich bin der Weg und die Wahrheit des Lebens. Ich bin gegenwärtig und warte auf dich.

Unauslotbar ist meine Geduld, meine Liebe, meine Barmherzigkeit und Zuneigung zu dir.

Ja, ich bin da, auch wenn du mich nicht erwartest und wenn sonst niemand auf dich wartet.

Ich kenne sie, die offene Wunde deiner Sehnsucht. Ich kenne deinen Schmerz, die Dich umzubringen scheinen. Dein Verbluten sehe ich.

Und auch das Verrinnen deiner Hoffnung und des Vertrauens ins Leben.

Wie keiner sonst weiß ich um deinen unstillbaren Lebenshunger, der in Todeswünsche sich verkehrt, wo du, von allen verlassen, meinst, auch ich sei dir entschwunden. Aber ich bin da. Nur das Meer meiner Liebe ist groß genug, der Maßlosigkeit deiner Sehnsucht zu entsprechen. Ich allein bin das Ziel deines Sehnens, niemand sonst kann deine Wunden heilen, deinen Schmerz und Lebenshunger stillen.

Komm, komm zu mir, der ich dir entgegenwarte. Komm zu mir, suche mich in dir. Komm ohne fromme Gefühle, ohne den Stock des Sklaventreibers, ohne komplizierte Gedankengebilde und all die nutzlosen Übungen, die du dir angeeignet hast. Komm ohne große Vorsätze und falsche Erwartungen.

Komm mit deinem armen, dürren Glauben, mit all den Finsternissen, die dich quälen.

Komm einfach mit einem kleinen Ja zu meiner Liebe.

Mach dich auf zu mir, zu dir, in deinem Herzen ist doch mein Herz. Dort kannst du erfahren, was du dir so sehnlichst erwünschst:

Dein Angekommensein, dein Angenommensein in Wärme, Geborgenheit und großer Zärtlichkeit. Ja, dort will ich dir ganz nahe sein, in deinem Allerinnersten will ich dich umarmen, befreien, heilen, stark machen, im tiefsten Kern deines Wesens, wo niemand dich erreicht, niemand dich berührt.

Ich lösche das Hässliche, das du aus deinem Leben gemacht hast, aus und du bist schön.

Tief in dir ist eine Schönheit, die du nicht sehen kannst, da sehe ich dich schön, weil du in der einzigartigen Person, die du bist, schon jetzt etwas von der Schönheit meiner Heiligkeit widerspiegelst auf eine Art, die niemals enden wird.

Durch die verwandelnde Kraft meiner Liebe, die in der Schwachheit sich vollendet, wirst du vollkommen schön sein.

Komm meine Freundin, Geliebte so komm doch, ich warte dir entgegen. Kannst du kommen? Bald? Heute?

Zaghaft ist es noch, mein Ja. Ich will mich aufmachen auf den Weg, dem Ruf deiner Stimme nachgehen, Dir entgegen.

Wenn ich aufhöre zu versuchen, mit beiden Beinen zugleich in den Himmel zu springen, wenn ich meine Augen nicht länger auf meine mühevollen Anstrengungen richte; ja, wenn meine Augen den Himmel in mir zu schauen suchen, dann, ja dann kann ich vielleicht zu Dir finden und feststellen, dass Du mich längst gefunden hast und mich nun mit Leichtigkeit emporhebst an Dein Herz, mühelos. Ganz leicht!

ZUM ENDE

HERR, SCHICKE WAS DU WILLST

In meinen ersten Klostertagen fand ich
dieses Gebet, und es hat mich so gepackt
und nicht mehr losgelassen.

Herr, schicke was du willst, ein Liebes oder Leides. Ich bin bereit, beides aus deinen
Händen zu nehmen. Wollest Du mit Freuden, wollest mit Leiden mich nicht über-
schütten. Nur in der Mitten liegt holdes Erbarmen.

nach Reinhold Schneider

DER TANZENDE CHRISTUS

Freut euch im Herrn zu jeder Zeit! Noch einmal sage ich: Freut euch! (Röm 4,4) Dieses Wort aus dem Römerbrief scheint so gar nicht zu dem „Schmerzensmann" zu passen, der in unserer Kreuzwegkapelle steht. Es ist eine aus Holz geschnitzte Figur, ca. 50 cm groß und vermutlich aus dem 14. Jahrhundert. Jedes Mal, wenn ich diesen Raum betrete, kann ich nicht anders, als ihn kurz zu berühren. Er strahlt eine Ruhe aus, die auch mich zur Ruhe kommen lässt. Er strahlt eine Würde aus, die mich innerlich aufrichtet.

Sein Gesicht mit dem nach innen gerichteten Blick und den Blutspuren lassen mich die Leiden erkennen, die er durchgemacht hat. Doch da ist auch die Spur eines stillen Lächelns auf den Lippen.

Mit segnend erhobenen Händen offenbart er mir seine Wundmale, doch nicht um im Leiden zu verharren, sondern um den Triumph über den Tod mit mir zu teilen. Im wahrsten Sinne bewegend sind seine Füße. Es scheint, als schreite er voran oder tanzt er sogar?

Das Leben geht weiter, verkündet er mir, auch nach dem Grauen des Kreuzweges. Der Tod ist überlebt, das Grab durchschritten. Das „Alleluja" der Osterfreude hat das „Kreuzige ihn" des Karfreitags längst überjubelt.

Mich ruft dieser Christus immer wieder zur Freude heraus. Freude, die in diesem durchlebten und überwundenen Leiden Christi verwurzelt ist. Freue dich mit mir, sagt er mir jedes Mal, wenn ich ihn anschaue und berühre.

Zum Leben bist du berufen, zur unendlichen Freude.

Alle Aufnahmen sind im Kloster Burg Dinklage und seiner unmittelbaren Umgebung entstanden.

Fotografie und Lithografie: JÜRGEN CHRIST
Satz und Layout: BERNWARD KRÖGER

© 2009 Aschendorff Verlag GmbH & Co. KG, Münster
Das Werk ist urheberrechtlich geschützt. Die dadurch begründeten Rechte, insbesondere die der Übersetzung, des Nachdrucks, der Entnahme von Abbildungen, der Funksendung, der Wiedergabe auf fotomechanischem oder ähnlichem Wege und der Speicherung in Datenverarbeitungsanlagen bleiben, auch bei nur auszugsweiser Verwertung, vorbehalten. Die Vergütungsansprüche des § 54, Abs. 2, UrhG, werden durch die Verwertungsgesellschaft Wort wahrgenommen.
Gesamtherstellung: Aschendorff Druck und Dienstleistungen GmbH & Co. KG, 2009
Gedruckt auf säurefreiem, alterungsbeständigem Papier ∞
ISBN 978-3-402-12810-7